序 言 <small>PREFACE</small>

月是故乡明

"中国梦 家乡情"丛书出版了,可喜可贺!

对家乡故土的眷恋可以说是人类共同而永恒的情感,对家乡和祖国充满热爱与牵挂,更是具有深厚文化底蕴和历史积淀的中华民族传统美德。

"乡愁是一枚小小的邮票,我在这头,母亲在那头。"台湾著名诗人余光中的《乡愁》诗曾在海峡两岸同胞心中激起强烈的共鸣。诗人把对亲人、家乡、祖国的思念之情融为一体,表达出远离故乡的游子渴望叶落归根的浓郁而又强烈的家国情怀。纵览历史长河,历代志士仁人留下了多少对家乡魂牵梦萦的不朽诗篇,激励着一代代中华儿女的爱国思乡情怀。李白的"举头望明月,低头思故乡",杜甫的"露从今夜白,月是故乡明",无一不是抒发浓浓的思念故土之情。

民族传统文化是一条奔流不息的长河，从古至今绵延不绝。家乡是一棵枝繁叶茂的大树，守护着我们的生命，铭记着我们的归属。而薪火相传的家乡文化则是一方沃土，拥有着最厚重、最持久、最旺盛的生命力，滋养着一代又一代的青少年茁壮成长。中国有着九百六十万平方公里的土地和辽阔的领海，山河壮丽，幅员辽阔，物华天宝，人杰地灵。不同的地域有着不同的源远流长的家乡文化，辉煌灿烂，博大精深，特色鲜明，各有千秋。

　　一方水土孕育一方文化，一方文化影响一方经济造就一方社会。在中华大地上，不同地域有着不同的自然地理环境、民俗风情习惯、政治经济情况，形成了各具特色的地域文化。中国是世界上最古老的文明国家之一，有着几千年光辉灿烂的文明历史，行政区划的历史也十分悠久。从公元前688年的春秋时期开始置县，中国的行政区划至今已有2500多年的历史。作为最高一级的行政区划单位，省级行政区域的设立和划分起源于元朝。后来不同朝代和历史时期多有调整，到目前为止，我国共有23个省，5个自治区（自治区是中国少数民族聚居地方实行民族区域自治而建立的相当于省的行政区域），4个直辖市（直辖市是人口比较集中，在政治、经济、文化等方面具有特别重要地位的省级大城市），2个特别行政区（特别行政区与省、自治区、直辖市同属直辖于中央人民政府的地方行政区域）。此外，台湾作为一个省份，也是

赵全华·编著

中国梦
家乡情　我爱

Zhongguomeng Jiaxiangqing

青海

山东画报出版社

图书在版编目（CIP）数据

我爱青海/赵全华编著. —济南：山东画报出版
社，2014.2
　（中国梦家乡情丛书）
　ISBN 978 - 7 - 5474 - 1217 - 6

　Ⅰ.①我…　Ⅱ.①赵…　Ⅲ.①青海省—概况—青年读
物②青海省—概况—少年读物　Ⅳ.①K924.4-49

　中国版本图书馆 CIP 数据核字（2014）第 029186 号

责任编辑　许　诺
装帧设计　林静文化
主管部门　山东出版集团有限公司
出版发行
　　社　　址　济南市经九路胜利大街 39 号　邮编 250001
　　电　　话　总编室（0531）82098470　（010）61536005
　　　　　　　市场部（0531）82098479　82098476（传真）
　　网　　址　http：//www. hbcbs. com. cn
　　电子信箱　hbcb@ sdpress. com. cn
印　　刷　北京山华苑印刷有限责任公司
规　　格　165 毫米×225 毫米
　　　　　　　12 印张　40 幅图　112 千字
版　　次　2014 年 3 月第 1 版
印　　次　2014 年 3 月第 1 次印刷
定　　价　23.50 元

中国领土不可分割的组成部分。这套丛书即是以省级行政区划为单元分册编写的。

这套丛书以青少年为阅读对象，力求内容准确可靠，详略得当，行文通俗，简洁流畅，注重知识性、趣味性、可读性，让青少年较为系统地了解家乡的自然环境、山川河流、资源物产、悠久历史、杰出人物、文化遗产、民俗风情、名胜古迹、经济建设等方面的情况，感受祖国各地的家乡之美。通过这些文化元素的熏陶，培养青少年对祖国和家乡的朴素感情，引导青少年热爱生于斯、长于斯的这片沃土，陶冶情趣，铸造性情。希望广大青少年认真阅读，汲取这套家乡文化读本中的精华，进而树立热爱家乡、热爱祖国的决心和信念，为建设家乡、建设祖国贡献力量。

（原新闻出版总署署长）

2014 年 2 月 6 日

目 录 CONTENT

第一章

世界屋脊　江河源头

　　青海地处有"世界屋脊"之称的青藏高原，其境内既有高耸的山脉，又有宽广的盆地；既有广袤的平原，又有纵横的河流，而且湖泊星罗棋布。总体看来，青海地貌复杂，地形多样。山川风貌处处体现了"大"的特点，构成了壮美奇绝的自然景观和人文风貌。

∧ 昆仑山

第一节　青海的自然环境

青海省，简称"青"，因域内有中国最大的内陆高原咸水湖—青海湖，而得名"青海"。青海省位于青藏高原东北部，东西长1200公里，南北宽800公里，面积72.12万平方公里。辖6州、1地、1市、51个县级行政单位，与甘肃、四川、西藏、新疆接壤。青海东部素有"天河锁钥"、"海藏咽喉"、"金城屏障"、"西域之冲"和"玉塞咽喉"等称谓，可见地理位置之重要。除黄河湟水谷地及柴达木盆地等部分地区外，其余地区都在海拔3000米以上，是世界屋脊的重要组成部分。

山脉纵横，峰峦重叠，湖泊众多，峡谷、盆地遍布……这是青海给人的第一印象。全省五分之四以上的地区为高原。东部多山，海拔较低，西部为高原和盆地。全省平均海拔3000米以上，地形分为祁连山地、柴达

青海丹霞地貌 >

世界屋脊　江河源头

木盆地、青南高原三区。东北部由阿尔金山、祁连山数列平行山脉和谷地组成，平均海拔 4000 米以上，蕴藏着丰富的冰雪资源。即使是位于达坂山和拉脊山之间的湟水谷地，海拔也达 2300 米左右，地表为深厚的黄土层，是本省主要的农业区。西北部的柴达木，是一个被阿尔金山、祁连山和昆仑山环绕的巨大盆地，素有"聚宝盆"的美誉，面积约 27 万平方公里，盆地南部多为湖泊、沼泽，并以盐湖为主。"柴达木"在蒙古语中为"盐泽"之意。南部是以"万山之祖"昆仑山为主体并占全省面积一半以上的青南高原，平均海拔 4500 米以上。现已对外开放的阿尼玛卿峰（即玛积雪山），在果洛藏族自治州玛沁县境内，峰高 6282 米。

因其大部分地区海拔在 3000 ~ 5000 米之间，西高东低，西北高中间低，地形复杂多样，形成了独具特色的高原大陆性气候，干燥、少雨、多风、缺氧、寒冷、光照时间长、地区间差异大，垂直变化明显。青海地处中纬度地带，太阳辐射强度大，光照时间长，年总辐射量仅次于西藏，位居全国第二。祁连山地具典型大陆性气候特征。一般山前低山属荒漠气候，中山下部属半干旱草原气候，中山上部为半湿润森林草原气候，亚高山和高山属寒冷湿润气候，山地东部气候较湿润，西部较干燥。

第二节　巍巍青山吟

作为青藏高原的一部分，高山构成了青海的美丽风景，这里的昆仑山、阿尔金山、祁连山、巴颜喀拉山、唐古拉山既代表了青海的典型地貌，又以巍峨的姿态诉说了青海不屈的性格。

一、昆仑山

昆仑山，又称昆仑墟、中国第一神山、万祖之山、昆仑丘或玉山。昆仑山由于其高耸挺拔，成为古代中国和西部之间的天然屏障，被古代中国人认为是世界的边缘。《史记·大宛传》中记载："汉使穷河源，河源出于寘，其山多玉石，采来，天子案古图书，名河所出山曰昆仑云。"昆仑山在历史上曾是一座名山。中国古老的地理著作《山海经》、《禹贡》和《水经注》对它都不只一次提到，其中大多记述都带有神奇的色彩。如说它是"天帝的下都"，方圆八百里，高七万尺。又说这里有西王母的瑶池，到处长着结有珍珠和美玉的仙树。有的书籍还说它是黄河的发源地，黄河是中国历史文化的摇篮，因此昆仑山在古人的心目中一向被视为了不起的大山。起初人们并不知道它的确切位置，后来通过与西域交往，在新疆于田一带发现了玉石。皇帝根据古代的图书，错误地认为黄河发源于美玉产地昆仑山北麓，于是便把河源所出的山叫做昆仑山。

知识小百科

昆仑山口

昆仑山口位于青海西南部，昆仑山中段，格尔木市区南160公里处，是青海、甘肃两省通往西藏的必经之地，也是青藏公路上的一大关隘，因山谷隘口而得名，亦称"昆仑山垭口"。昆仑山口也是昆仑六月雪观光的重要景点。许多过往行人来到这里后，都要在此驻足观赏一番。1956年4月，陈毅副总理在前往西藏途中路过昆仑山时，激情满怀，诗兴大发，当即写了一首《昆仑山颂》。诗中写道：

峰外多峰峰不存，岭外有岭岭难寻。

地大势高无险阻，到处川原一线平。

目极雪线连天际，望中牛马漫逡巡。

漠漠荒野人迹少，间有水草便是客。

粒粒砂石是何物，辨别留待勘探群。

我车日行三百里，七天驰骋不曾停。

昆仑魄力何伟大，不以丘壑博盛名。

驱遣江河东入海，控制五岳断山横。

< 昆仑山口

　　昆仑山在中华民族的文化史上具有"万山之祖"的显赫地位，古人称昆仑山为中华"龙脉之祖"。是中国古代神话传说的摇篮，相传昆仑山的仙主是西王母，在《穆天子传》中就有"穆王八骏渡赤水，昆仑瑶池会王母"的传说。在众多古书中都有记载的"瑶池"，便是昆仑河源头的黑海。这里海拔4300米，湖水清瀛，鸟禽成群，野生动物出没，气象万千。在

青海昆仑山玉珠峰 ＞

昆仑河中穿过的野牛沟，有珍贵的野牛沟岩画。距黑海不远处是传说中的姜太公修炼五行大道四十载之地。玉虚峰、玉珠峰经年银装素裹，山间云雾缭绕。位于昆仑河北岸的昆仑泉，是昆仑山中最大的不冻泉，形成昆仑六月映雪奇观，水量大而稳定，传说是西王母用来酿制琼浆玉液的泉水，为优质矿泉水。发源于昆仑山的格尔木河中游，长期侵蚀千板岩，形成了峡谷绝壁相对，深几十米的天险奇观。相关名著传说有李白的"若非群玉山头见，会向瑶台月下逢"的美诗，毛主席的"横空出世，莽昆仑"的华章，女娲炼石补天、精卫填海、西王母蟠桃盛会、白娘子盗仙草和嫦娥奔月等。

知识小百科

昆仑泉

昆仑泉位于昆仑河北岸著名的小镇纳赤台正中，海拔3700米左右，是一泓优良的天然矿泉，被视为昆仑奇观。全年水温恒定为20℃，是昆仑山中最大的不冻泉，泉水是昆仑山冰雪融化后渗入地下流动喷涌出来的，不仅澄澈清冽，晶莹透明，甘甜醇美，洁净卫生，加上这里海拔高，没有污染，被誉为"冰山甘露"。该泉水属低矿化度重碳酸氯化物、钙镁型矿泉水。它喷出地层前，在地下蕴藏潜流达20余年，从周围环境中溶解锶、钙、钾、碳酸氢根等对人体健康有益的化学元素，对治疗高血压、心脏病、动脉硬化等疾病有较好的疗效，为优质、天然饮用矿泉水。现建有昆仑泉亭，亭内立有昆仑泉碑，是世界屋脊汽车探险线的必经之地，昆仑山道教圣境寻祖游的重要景点之一。

< 昆仑泉

昆仑山西起帕米尔高原东部，横贯新疆、西藏间，伸延至青海境内，全长约2500公里，平均海拔5500～6000米，宽130～200公里，西窄东宽总面积达50多万平方公里。最高峰是位于新疆克孜勒苏柯尔克孜自治州乌恰县的公格尔峰。昆仑山是高原地貌的基本骨架，是青海省重要的自然区划界线。昆仑山是由2或3条平行的山岭构成的，而不是仅有一条山脊。山的西区尤其如此。在昆仑山从帕米尔支出之地萨雷阔勒岭，北面一条名为阿吉尔山的短支脉，实际上拥有一些最高的山峰，公格尔山高7719米，慕士塔格山高7546米。就在绿洲城且末南面，出现了一个主要分叉点：阿尔金山的苏拉木塔格峰从阿尔格山支出，走向东北，再往东，昆仑山的北缘形成浩瀚的、地势高的柴达木盆地的南界。伴有零星盐湖的

深谷散布于该山中部的山岭间。西昆仑山主岭的最高峰是克里雅峰，高达7120米。数座超过6096公尺的山峰点染出昆仑山中部至东部地区的空中轮廓，其中包括木孜塔格峰和布喀达坂峰。周围的平原在海拔4877米以上；所以，这些山没有亚洲其他高山那样显赫。

昆仑山是中亚仅有内流水系地区的一个组成部分。主要与北面的塔里木盆地和柴达木盆地及南面的西藏高原有关。只有黄河与长江源头所在的山系最东支脉有注入海洋的水系。该山有两个主要河网：发源于喀喇昆仑山脉和藏北的大河，流水切割峡谷，穿越整个昆仑山链而去，还有疏泄外围山坡流水的小河。主要河流形成漫长曲折的河谷；有几条河流给昆仑山北缘绿洲供应灌溉用水。虽然昆仑山河流接纳一些雨水，但其主要由积雪和冰川供水。流量遂因季而异；60～80%的流量出现于夏季月份，这时冰雪的强烈融化与最大降水结合在一起。雪和冰川的强烈蒸发导致浅盐湖的形成。该山尽管海拔很高，却由于气候极端干燥而几乎没有冰川作用；外表积雪只存于最高山峰的深隙之中。冰川活动的主要中心出现在海拔约接近7010米之处。所有冰川都以其非同寻常的陡峭和缺乏融水而引人注目。

昆仑山北坡濒临最干旱的亚洲大陆中心，属暖温带塔里木荒漠和柴达木荒漠，山前年降水量小于100毫米，西部60毫米，东部20毫米，若羌仅为15～20毫米。年降水量随山地海拔增高而略增，暖温带荒漠被高山荒漠所取代，由特有的垫状驼绒藜与西藏亚菊组成。雪线在海拔5600米至5900米，雪线以上为终年不化的冰川，冰川面积达到3000平方公里以上，是中国的大冰川区之一，冰川融水是中国几条主要大河的源头，包括长江、黄河、澜沧江（湄公河）、怒江（萨尔温江）和塔里木河。

昆仑山国家地质公园位于格尔木市境内，这里不仅有众多的古冰川遗址，还有玉珠峰、玉虚峰等晶莹的现代冰川和被称为蠕动的河流的昆仑山石冰川；不仅有西大滩古地震鼓包遗迹，还有长达426公里、宽数百米的现代地震大裂缝；不仅有柔润光洁的昆仑玉，还有清澈甘甜的纳赤台昆仑

<昆仑山国家地质公园

神泉……格尔木昆仑山地势高峻，平均海拔 5000~6000 米，是柴达木盆地内陆水系和长江外流水系的分水岭，有世界第三极之称。昆仑山国家地质公园内的地质遗迹资源十分丰富，其中许多地质遗迹在国际和国内都有较高的对比性，保存完好，具有较高的美学价值和科学研究价值。

二、祁连山

祁连山山系西北高，东南低，绝大部分海拔 3500 ~ 5000 米，最高峰为疏勒南山 5827 米。山系南北两翼极不对称，北坡相对高度达 3000 米，南麓相对高度仅 500 ~ 1000 米。山系低山区干燥剥蚀作用盛行，中山区以流水侵蚀为主，高山为寒冻风化作用所控制。祁连山区存在三级夷平面：第一级东段海拔 4400 ~ 4600 米，西段 4800 ~ 5000 米；第二级东段 4000 ~ 4200 米，西段 4500 ~ 4700 米；第三级东段 3600 ~ 3800 米，西段 4000 ~ 4200 米。河谷中发育多级阶地。古冰川冰碛地貌广泛分布于北坡 2700 ~ 2800 米以上地区。现代冰川下限，北坡为 4100 ~ 4300 米，南坡 4300 ~ 4500 米，且西部较东部高 200 ~ 300 米。近百年来，冰川处于退缩阶段。现已查明祁连山共有冰川 3066 条，总面积 2062.72 平方公里。

我爱青海

祁连山 >

储水量 1320 亿立方米。其中走廊南山、疏勒南山和党河南山冰川最多，疏勒南山、土尔根达坂和走廊南山冰川规模最大。

祁连山区的水系呈辐射状：以哈拉湖到东经 99° 一带为中心，向四周辐射。辐射中心位于北纬 38° 20′，东经 99°，附近的所谓"五河之源"，即托来河（北大河）和布哈河源头。由此沿至毛毛山一线，再沿大通山、至青海南山东段一线为内外流域分界线，此线东南侧的黄河支流有庄浪河、大通河，属外流水系；西北侧的黑河、托来河、疏勒河、党河，属河西走廊内陆水系；哈尔腾河、鱼卡河、塔塔棱河、阿让郭勒河，属柴达木的内陆水系。上述各河多发源于高山冰川，冰川融水补给为主，冰川补给比重西部远大于东部。河流流量年际变化较小，而季节变化和日变化较大。山系东部以流水侵蚀为主，西部干燥剥蚀作用强烈，高山则以寒冻风化作用为主，明显存在 3 级夷平面。为中国冰川分面最集中的地区之一，成为众多河流的发源地。

祁连山东部分布有寒温性针叶林，自东向西发育程度衰减，分布高度则上升，计东部为 2500 ～ 3200 米，中部为 2700 ～ 3300 米，最后以斑块状消失于北大河附近。植被垂直带结构，山地东西部南北坡不尽相同。祁

＜祁连山草原

连山区农业主要限于东部的湟水和大通河中下游谷地及北坡的山麓地带，春麦、青稞、马铃薯、油菜、豌豆和瓜菜等，一年一熟。草场辽阔，宜于发展畜牧业，并有大片水源涵养林。有多种药用和其他经济植物。森林破坏严重，野生动物减少，紫貂等珍贵动物已灭绝。矿藏丰富，镜铁山的铁矿、木里和鱼卡的煤矿、宗务隆山的金属矿都有重要经济价值。

祁连山前的河西走廊自古就是内地通往西北的天然通道，文化遗迹和名胜众多。在汉代和唐代，著名的"丝绸之路"即由此通过，留下众多中西文化交流的古迹和关口、城镇，例如嘉峪关、黑水国汉墓、马蹄寺石窟、西夏碑、炳灵寺石窟等等。在河西走廊东部的历史文化名城武威出土的汉代铜奔马已成为中国旅游的标志。

祁连山也有着重要的地理意义，它是内蒙古高原和青藏高原的分界线；第一、二阶梯的分界线；200mm 的年等降水量线；内外流区的分界线；干旱区和半干旱区的分界线；草原景观和荒漠景观的分界线；青藏地区和西北干旱半干旱区的分界线。

《中国国家地理》（2006 年第 3 期）曾就祁连山对中国的意义有着这样的描述："东部的祁连山，在来自太平洋季风的吹拂下，是伸进西北干旱区的一座湿岛。没有祁连山，内蒙古的沙漠就会和柴达木盆地的荒漠连成一片，沙漠也许会大大向兰州方向推进。正是有了祁连山，有了极高

山上的冰川和山区降雨才发育了一条条河流，才养育了河西走廊，才有了丝绸之路。然而祁连山的意义还不仅于此。""祁连山对中国最大的贡献，不仅仅是河西走廊，不仅仅是丝绸之路，不仅仅是引来了宗教、送去了玉石，更重要的是祁连山通过它造就和养育了冰川、河流与绿洲做垫脚石和桥梁，让中国的政治和文化渡过了中国西北海潮船的沙漠，与新疆的天山握手相接了，中国人在祁连山的护卫下走向了天山和帕米尔高原。据说张掖之名是取'断匈奴之臂，张中国之掖'之意，河西走廊就是中国之臂，它为中国拽回了一个新疆。"

知识小百科

日月山

祁连山脉南部著名的日月山，位于青海省东部，青海湖东岸、湟源县西部。北接大通山，南至拉脊山，呈西北－东南走向，绵延数十公里。日月山位于青藏高原的东北边缘，平均海拔4000余米，有野牛山（海拔4832米）、阿勒大湾山（海拔

日月山 >

4455 米）等山峰，两山之间为著名的日月山口。日月山是青海东部内流区与外流区的分界线，也是内地进藏与赴黄河源区的必经之路，唐代文成公主、金城公主入藏以及唐蕃通使皆由此通过。山体东侧的西川河、北川河汇为湟水，属黄河水系。山体西南麓有倒淌河，汇入内陆的青海湖。日月山山地两侧的自然条件和人文景观存在显著的差异，历来被称为"草原门户"和"西海（青海湖）屏风"，是农耕区与游牧区的天然界线。山体东面是湟水流域，有西宁、湟中、湟源等发达的城镇，分布有许多名胜古迹。山体西面为青海湖和无边的草原。

三、巴颜喀拉山

巴颜喀拉山脉是青海省境内长江与黄河的分水岭，在青海中部偏南，为昆仑山脉南支，西接可可西里山，东连岷山和邛崃山。这里是长江与黄河源流区的分水岭，北麓的约古宗列渠是黄河源头所在，南麓是长江北源所在。巴颜喀拉在蒙古语的意思，是"富饶青（黑）色的山"，藏语叫"职权玛尼木占木松"，即祖山的意思，属褶皱山，西北 – 东南走向。它位于黄河源头与通天河之间，属于昆仑山脉中支东端。该山地势高耸，群山起伏，雄岭连绵，景象恢宏。大部分地区海拔均在 4500 ~ 6000 米之间。由于相对海拔较高，加之地域辽阔，这里的山峰显得并不险峻，比较平缓。有的山峰很像米芾笔下的五岭，浑圆粗犷，有的山峰远看像山，近看像川，山岭之间犹如平原一般广袤平坦。中国古代称该山为"昆山"，又称"昆仑丘"或"小昆仑"。著名古籍《山海经》曾有记载："昆仑山在西北，河水出其东北隅。""出其东北隅，实惟河源。"可见从中国远古时代，人们就已认定巴颜喀拉山为黄河的发源地。

巴颜喀拉山 >

　　主峰位于玛多县西南、巴颜喀拉山口西北，藏语名为勒那冬日，海拔5266米。黄河发源于山脉西段海拔5202米的雅拉达泽山以东的约古宗列盆地。山地海拔多在5000米以下，约古宗列盆地及黄河源区的海拔在4500米左右。雅拉达泽山海拔5202米，为黄河与长江河源段的分水岭，也是黄河源地。巴颜喀拉山山势和缓，山前遍布大小沼泽和湖泊，其中著名者为星宿海、扎陵湖和鄂陵湖。

　　巴颜喀拉山北坡平缓，南坡深切，多峡谷。山区地势高，气候寒冷，属高寒荒漠草原，人烟稀少，只有藏人在此从事畜牧。山间谷地上，牦牛、绵羊远近成群。虽地势高寒，气候复杂，但雨量充沛，是青海南部重要的草原牧场。这里盛产被人们称之为"高原之舟"的牦牛和举世闻名的藏系绵羊，故有"牦牛的故乡"之称。

青海被称为"牦牛的故乡" >

巴颜喀拉山属于大陆性寒冷气候，空气稀薄，气候酷寒，一年之中竟有八九个月时间飞雪不断，冬季最低温度可达 –35℃左右，因而许多 5000 米左右的雪山有经年不融的皑皑积雪和终年不化的冻土层。而温暖季节则比较短暂，一般只有三个多月时间，而且气温较低，即使是盛夏季节，最高气温也不过 10℃左右。

知识小百科

星宿海

星宿海，位于黄河源头地区，东与扎陵湖相邻，西与黄河源流玛曲相接。星宿海地区海拔 4000 多米，比五岳之首的泰山还高许多。星宿海，藏语称为"错岔"，意思是"花海子"。这里的地形是一个狭长的盆地，东西长 30 多公里，南北宽 10 多公里。黄河之水行进至此，因地势平缓，河面骤然展宽，流速也变缓，四处流淌的河水，使这里形成大片沼泽和众多的湖泊。在这不大的盆地里，竟星罗棋布着数以百计的大小不一、形状各异的湖泊，大的有几百平方米，小的仅几平方米，登高远眺，这些湖泊在阳光的照耀下，熠熠闪光，宛如夜空中闪烁的星星，星宿海之名大概即由此而来。

<星宿海

我爱青海

四、唐古拉山

　　唐古拉（喇）山脉，是青藏高原中部的一条近东西走向的山脉。位于西藏自治区东北部与青海省边境处，东段为西藏与青海的界山，东南部延伸接横断山脉的云岭和怒山。山脉高度在6000米左右，最高峰格拉丹冬海拔6621米，唐古喇山（峰名）6099米。唐古拉（喇），藏语意为"高原上的山"，又称"当拉山"，在蒙语中意为"雄鹰飞不过去的高山"。唐古拉山的山顶是约5000米的准平原，面上的山脊已在雪线以上（雪线为5300米）。唐古拉山山体宽150公里以上，主峰格拉丹冬是长江正源沱沱河的发源地。现在还有小规模更新世冰川残留，刃脊、角峰、冰川地形普遍，中更世形成的冰川比今天的大约28倍，准平原面上可成小片冰盖，它的两坡冰川堆积物厚达800米以上。冰川消融后，山地就急速上升。两侧则承受更多的泥沙石砾，发生地层下陷，形成近东西走向的湖区和喷出温泉。山坡上形成喀斯特地形。南坡比北坡的冰川少，但冰川地形以南坡发育。唐古拉山是怒江、澜沧江和长江的发源地。

　　唐古拉山是长江和怒江的分水岭，在国内的知名度非常高。它与喀拉昆仑山脉相连，西段为藏北内陆水系与外流水系的分水岭，东段则是印度

唐古拉山的主峰格拉丹冬雪山 >

洋和太平洋水系的分水岭。位于青藏高原腹部，山地间有许多宽大的盆地，是良好的牧场。以温泉哑口为界，分为东西两段：西段属高寒荒漠景观；东段属高寒灌丛草甸景观。在唐古拉山口这段铁路和公路之间，有海拔6022米的巴斯康根峰。它脚下的可可西里无人区，是藏羚羊等濒危野生动物的怡然自得的牧场。四五月间的高原，江河凝缩成晶莹的冰川，浪花沉默成无言的冰雕，曾经呼啸肆虐，湍急奔腾的江河静静地安眠着。远处的雪峰，天上抬手可摘的白云与和暖艳丽的高原夕阳一起嬉戏着，调弄出一幅幅充满诱惑、妩媚千转的图景。唐古拉山口是西藏的门户，那是一枚英雄才可以悬挂的勋章。

　　唐古拉山越岭地段是青藏铁路全线气候最恶劣、地质条件最差、施工难度最大的区段。斜坡湿地广布，高地温、高含冰量冻土地段较长，冻胀、融沉作用强烈；安多以南分布有岛状冻土和深季节冻土。冬春季节气温很低，寒风凛冽，七八月份天气稍微转暖时，雨水丰富，飘过一片云彩来，不是雨雪就是冰雹。虽然唐古拉山这一段是青藏铁路海拔最高的地方，但山脉并不像人们想象的那么险峻，可以说是很柔和。因为山上的植被覆盖得严密，没有破坏，有些地方从远看就像人的皮肤那么细腻，有种童话般的景致，但远处的雪山和寒风又会提醒这是在海拔5000米以上的高原。中国作家陈运和写诗《过唐古拉山口》："时而阳光，伴随走一走；时而冰雹，双肩抖一抖。进入生命禁区，登临敢昂首；何惧空气稀薄，下车喜

<唐古拉山口

逗留！2005年6月9日的印辙，刺骨寒风写感受，海拔5231米的险境，飒爽英姿显身手——山高，高不过诗人脚板；春浓，浓不过歌者追求。"

这儿是青海、西藏两省的天然分界线，视野开阔望得远。这一带是一片冻土，泥土层的水分长年结冰。山口天气极不稳定，即使夏天，公路也经常被大雪所封，冰雹、霜雪更是常见现象。此处空气含氧量只有海平面的六成，所以一般路过唐古拉山口，会有明显的高山反应。

知识小百科

措那湖

　　措那湖是安多及青藏铁路沿线最著名的景点之一，是游客进入安多所见的第一道亮丽的风景线。在湖的东面，青藏铁路与宁静美丽的神湖贴身而过，最近处只有几十米。在此还设立有观景台。它是高原淡水湖和怒江的源头湖，面积约400平方公里，海拔4650米，是世界海拔最高的淡水湖。措那湖车站是全线最亮丽的旅游观光车站之一。东距美丽的神湖仅20米，车站设计为六股道，站台长500米，平均宽度30米。走上站台即可近在咫尺饱览多姿多彩的湖光山色。当地正在开发以牧家乐、民俗村为主的家庭旅游项目。

措那湖 >

世界屋脊　江河源头

五、其他山脉

青海地貌起伏较大，境内有不胜枚举的山脉，除以上介绍的之外，垃鸡山、宫宝山、阿尼玛卿山、青沙山，华隆的阿咪及热山、阿迷优郎山、民和的阿尼卡噶起山，循化的东热山，海南的日月山、布尔汗布达山、阿尔格山、博卡雷克塔格山、可可西里山脉等等也是青海境内比较有名的山脉。

第三节　江河源头　中华水库

按流域划分，青海省分属长江流域、黄河流域、澜沧江流域和内陆河流域。其中南部和东部为外流水系，是长江、黄河、澜沧江三大江河的源头，降水相对较多，水系发育，河网密集，大小湖泊星罗棋布，素有"中华水塔"和"江河源"之美誉。而纵观青海省内，有穿越高原、峡谷奔腾东流的黄河、长江，全国最大的咸水湖——青海湖，湖群密布的神秘无人区——可可西里盆地，宏伟壮丽的雪山——格拉丹冬，资源丰富的聚宝盆——柴达木盆地，开发历史悠久、人烟稠密的"河湟谷地"等，这些都构成了青海省内的水系系统。

一、三江源

　　有"中华水塔""江河源头"之称的青海，有个被称为"人类生存的最后一方净土"的三江源地区，此地区位于我国的西部、青藏高原的腹地、青海省南部，为长江、黄河和澜沧江的源头汇水区。地理位置为北纬31°39′～39°12′，东经89°24′～103°04′，行政区域包括玉树、果洛、海南、黄南四个藏族自治州的16个县和格尔木市的唐古拉乡，总面积为30.25万平方公里，约占青海省总面积的43%。

　　三江源，是长江、黄河、澜沧江之源头。长江发源于唐古拉山北麓格拉丹冬雪山，三江源区内长1217公里，占干流全长6300公里的19%。除正源沱沱河外，区内主要支流还有楚玛尔河、布曲、当曲、聂恰曲等，年平均径流量为177亿立方米；黄河发源于巴颜喀拉山北麓各姿各雅雪山，省内全长1959公里，占干流全长5464公里的36%，主要支流有多曲、热曲等，年平均径流量232亿立方米，占整个黄河流域水资源总量的49%，占三江源区总径流量的42%；澜沧江发源于果宗木查雪山，三江源区内长448公里，占干流全长4600公里的10%，占国境内干流全长2130公里的

三江源 >

21%，年平均径流量 107 亿立方米，占境内整个流域水资源总量的 15%，占三江源区总径流量的 22%。

长江，亚洲第一大河，其流域面积、长度、水量都占亚洲第一位。它发源于青藏高原唐古拉山的主峰各拉丹冬雪山。长江起源于距今 1.4 亿年前的侏罗纪时的燕山运动，在长江上游形成了唐古拉山脉，青藏高原缓缓抬高，形成许多高山深谷、洼地和裂谷。长江中下游大别山和川鄂间巫山等山脉隆起，四川盆地凹陷，古地中海进一步向西部退缩。距今 1 亿年前的白垩纪时，四川盆地缓慢上升，夷平作用不断发展，云梦、洞庭盆地继续下沉。距今 3000—4000 万年前的始新世，发生强烈的喜马拉雅山运动，青藏高原隆起，古地中海消失，长江流域普遍间歇上升。其上升程度，东部和缓，西部急剧。金沙江两岸高山突起，青藏高原和云贵高原显著抬升，同时形成了一些断陷盆地。河流的强烈下切作用，出现了许多深邃险峻的峡谷，原来自北往南流的水系相互归并顺折向东流。长江中下游上升幅度较小，形成中、低山和丘陵，低凹地带下沉为平原（如两湖平原、南襄平原、都阳平原、苏皖平原等）。到了距今 300 万年前时，喜马拉雅山强烈隆起，长江流域西部进一步抬高。从湖北伸向四川盆地的古长江溯源浸蚀作用加快，切穿巫山，使东西古长江贯通一气，江水浩浩荡荡，注入东海，今日之长江形成。

< 长江源

我爱青海

目前公认发源于格拉丹冬雪山的沱沱河为长江源头，全长6397公里。但确定大河源头的标准，即以河源惟远、水量惟大和对应于河流主方向等标准。一些人包括地理学、测绘学专家认为当曲的水流量是沱沱河的5至6倍，流域面积是沱沱河的1.8倍；当曲应作为长江正源。江源之争对长江的长度计算会产生实质性的影响。

2001年，中国科学院遥感应用研究所在专家刘少创主持下，利用卫星遥感影像测量计算，测量结果精确到了小数点后。测出长江长度新数据6211.3公里。其课题小组利用近40幅覆盖长江干流的卫星影像，卫星影像是由美国地球资源卫星拍摄，分辨率达到30米。计算方式以沿河道的中心线，对长江正向量测了三遍，又反向量测了三遍，经计算机多次运算和几何纠正后得出结果。

在"长江"这一总名称下，有些江段又有它自己的名称。这是长江与黄河显著不同的一点。自长江源头至长江南源当曲河口，通称为长江正源沱沱河，长度为358公里；自当曲河口至青海省玉树县巴塘河口，通称为通天河，长度为813公里。

黄河，全长约5464公里，流域面积约79.5万平方公里，是中国第二长河，世界第五大长河。它发源于青海省青藏高原的巴颜喀拉山脉北麓的卡日曲，呈"几"字形。由于河流中段流经中国黄土高原地区，因此夹带了大量的泥沙，所以它也被称为世界上含沙量最高的河流。但是在中国历史上，黄河及沿岸流域给人类文明带来了巨大的影响，是中华民族最主要的发源地之一，中国人称其为"母亲河"。黄河全长5464公里，居世界第五；平均流量1775立方米/秒（世界大河中属非常小的流量规模）；流域面积逾75万平方公里。在青海省玛曲上游的约古宗列曲，矗立着数十个"黄河源"石碑，一直以来，很多游人都认为这就是黄河的源头。但据中国三江源考察队2004年的考察，黄河的真正源头是位于青海省卡日曲上游的那扎陇查河，从这里算起，中华民族的母亲河长度为5778千米，居世界第五。不过，"假源头"依然吸引着大量游人，黄河水利委员会也依然坚

世界屋脊　江河源头

< 黄河源

持将黄河源定于此处。黄河自远古以来即为多泥沙河流。公元前 4 世纪黄河下游因河水浑浊即有"浊河"之称。公元 1 世纪初，有人指出"河水重浊，号为一石而六斗泥"。唐宋以后泥沙有增无减。这些泥沙中的一部分堆积在下游河床上，日积月累，河床淤高，全靠堤防约束，时久形成悬河。每逢伏秋大汛，防守不力，轻则漫口决溢，重则河道改徙。

澜沧江，是湄公河上游在中国境内河段的名称，是中国西南地区的大河之一，是世界第九长河，亚洲第四长河，东南亚第一长河。澜沧江河源扎曲，发源于青海省玉树藏族自治州的杂多县吉富山，源头海拔 5200 米，主干流总长度 2139 千米。

三江源区也是一个多湖泊地区，主要分布在内陆河流域和长江、黄河的源头段，大小湖泊近 1800 余个，湖水面积在 0.5 平方公里以上的天然湖泊有 188 个，总面积 0.51 万平方公里。其中，矿化度 1~3 克／升以下的淡水湖和微咸水湖 148 个，总面积 2623 平方公里。盐湖共计 28 个，总面积 1480 平方公里，矿化度大于 35 克／升。列入中国重要湿地名录的有扎陵胡、鄂陵湖、玛多湖、黄河源区岗纳格玛错、依然错、多尔改错等。其中扎陵湖、鄂陵湖是黄河干流上最大的两个淡水湖，具有巨大的调节水量功能。

三江源区不但水资源蕴藏量多、地表径流大，而且地下水资源也比较丰富，据估算，仅玉树州的地下水贮量就约达 115 亿立方米。地下水属山

壮丽的澜沧江源头——扎曲 >

丘区地下水，分布特征主要为基岩裂隙水和碎屑岩空隙水。地下水补给方式主要为降水的垂直补给和冰雪融水。

二、柴达木盆地中的湖

柴达木盆地拥有各式各样的湖泊90多个，她就像一片镶满明镜的大地。那遍布盆地的众多湖泊，具有迷人的色彩，蕴藏着丰富的宝藏，也包含着许许多多尚未揭示的谜。

盆地中星罗棋布的湖泊，像一颗颗蓝色的宝石，多姿多彩。每个湖泊都有自己特殊的性格，有的咸，有的淡；有的独居沙海，有的牵手为邻。人们往往根据它们的面积和水量，以大小相称。如冷湖镇的北面有大苏干湖和小苏干湖；柴达木山下和绿梁山下有大柴旦湖和小柴旦湖（即伊克柴达木湖和巴嘎柴达木湖）。那些两个连在一起的湖泊，牧民则称它们为褡裢湖或叫褡裢海，就像肩上背的褡裢一样。还有些水面不大的湖泊，当地群众往往都叫它尕海（蒙古语中的尕就是小的意思），在柴达木盆地和青海高原上，可以找到不只一个"尕海"，就是这个原因。

除了众多的湖泊，柴达木盆地还有纵横交错的河流。比较大的河流有格尔木河、柴达木河、乌图美仁河、巴音格勒河、察汗乌苏河、香日德河等。

<大苏干湖

　　另外，盆地下还蕴藏丰富的地下水，据勘测，整个盆地的地下水总储量相当于青海湖水量的 4 倍，也就是说，等于柴达木地下藏着 4 个"青海湖"。丰富的地表水和地下水像乳汁一样滋润着柴达木大地，哺育了一片片绿色的草地。河边湖畔芦苇丛生，碧草杂花相映其间。每到八九月份，如絮的芦花在湖畔轻轻飘逸，像纷纷扬扬的雪花拂过碧蓝的湖面，成群的鸥鸟在湖面上盘旋翱翔。此时的柴达木宛如一幅令人陶醉的水墨画。

　　柴达木盆地不仅有着丰富的地下宝藏，生物资源也十分可观，种类繁多的动植物主要分布在河边湖滨和水域里。全盆地已知鸟兽约 120 种，其中包括野骆驼、野驴、藏原羚、天鹅、黑颈鹤和红沙蟒等珍稀动物。盆地的湖泊里最多的野生动物还是鸟。据科学工作者考察，青海省鸟类占全国已知鸟的种类的 1/6。除了青海湖和黄河源头地区的扎陵湖、鄂陵湖以外，鸟类主要生活在柴达木的湖泊里，有斑头雁、灰雁、棕头鸥、鱼鸥、赤麻鸭、鸬鹚等，仅斑头雁和灰雁，在盆地的芦苇丛中就栖息了几万只。

<柴达木河落日

我爱青海

∧ 柴达木盆地野生动物藏原羚

多年来，通过对盆地的湖泊水域、野生动植物资源进行了广泛的研究，为充分利用湖泊开展了创造性的工作。从上世纪 70 年代到 80 年代，柴达木的淡水养鱼事业也迅速发展起来。过去，湖泊里生长的高原鱼类主要是裸鲤。这种无鳞鱼虽然味道也还鲜美，但生长缓慢。1973 年以后，把南方平原地区的鲤鱼、鲫鱼、草鱼、鲢鱼、团头鲂等淡水鱼，试验性地引来放养，柴达木人和内地一样能品尝到肉嫩味鲜的鲤鱼，这也是高原的一件新鲜事儿。

还有，柴达木利用湖泊沼泽放养麝鼠，也获得成功。麝鼠是一种比较珍贵的水生哺乳动物，适宜生活在河床、池塘、沼泽地带，以水边植物、贝类和鱼类为食物。它那棕黑色的皮毛是制作大衣、衣领和帽子的优质原料，在国际市场上也很畅销。麝鼠肉质嫩美、营养丰富，油脂既可食用又可作工业原料。70 年代以来，从新疆、黑龙江等地引进的麝鼠，在柴达木盆地的可鲁克湖、阿拉尔等地有了新的"家园"，有些地方已经开始有计划地捕猎麝鼠。

褡裢湖

褡裢湖，是可鲁克湖和托素湖的合称。两个湖一南一北，相距没有几步远，中间由一条小河相连，形状就像牧民常用的褡裢，所以人们往往把这两个湖称为褡裢湖。有趣的是，这两个携手并肩的姊妹湖性格却截然不同，一个是淡水湖，一个是咸水湖。淡水湖，蒙古语称"可鲁克"，意思是"多雪的芨芨滩"或"水草丰美的地方"；咸水湖，蒙古语称"托素"，翻成汉语是"酥油"的意思。

< 褡裢湖

三、通天河

通天河，古称"牦牛河"，位于万里长江源头，因辑入《西游记》而名闻天下。从江源到江口，中间分许多河段，每段都有它自己的名字。通天河是长江上游中的一段，它上起囊极巴陇与长江正源当曲相接，下至玉树藏族附近的巴塘河口同金沙江相连，横贯青海省玉树藏族自治州全境，河长813公里。通天河的河床海拔高3000～4000米。其上段河谷开阔，

河槽宽而浅，河中沙洲栉比，水流散漫。两岸并非崇山峻岭，而是相对平缓的山丘。过楚玛尔河口后，两岸山岭才渐渐逼近河岸。左岸山岭属著名的巴颜喀拉山，翻过此山，便是中国第二大河——黄河的源头。通天河下段，河道比较顺直，河槽逐渐稳定，水流比降增大，水势汹涌，两岸山势增高，谷底海拔由上游的4000多米下降到3000多米，成为典型的峡谷河流。流域地质属昆仑山系岩相的有千枚岩、花岗岩、片麻岩、硬砂岩和云母片岩等，属唐古拉系岩相的有红色砂岩和石灰岩等。通天河水系呈树枝状分布，南岸支流水量较北岸支流为丰。干流呈弓形。自囊极巴陇至楚玛尔河口长278公里称通天河上段，属江源地区；自楚玛尔河口至巴塘河口长550公里称通天河下段，不属江源地区。1913年出版的《青海图说》载："长江，古名丽水，一名神川，一名初午牛，其上流蒙名木鲁乌苏，番名州曲，或译曰直曲、周曲，普通曰通天河。"近代地图上，曾以发源于各拉丹冬雪山群东侧的尕日曲注记为通天河。江源考察确定沱沱河为长江正源后，将沱沱河与当曲汇合处（囊极巴陇）定为通天河起点，止点在玉树县巴塘河汇入口，以下则为金沙江。

通天河左岸有然池曲、北麓河、楚玛尔河、色吾曲和德曲等支流，右岸有莫曲、牙哥曲、科欠曲、聂恰曲、登艾龙曲和叶曲等支流。据观测记录，通天河在下游直门达附近的多年平均流量为385立方米/秒，通天河年径流量122亿立方米，其中水量的2/3以上来自曲麻莱色吾曲口以上，仅干

巴音草原上的通天河 >

< 青藏铁路通天河大桥

流就蕴藏着数百万千瓦的水电资源。支流色吾曲与黄河源头之间，以及与格尔木河东源之间，均只隔一相对高度较低的分水岭。通天河属高寒气候区，除高原东部边缘外，大部地区风大，气温低，空气稀薄，垂直差异很大，多年平均气温在0℃以下。下段河谷地区，气候比较温和湿润。新中国成立前，除放牧外，只能在小块土地上种植青稞。新中国成立后，农业区面积扩大，作物品种也有增加，先后试种小麦、蔬菜和各类瓜果都获得成功，产量也不断提高。通天河两岸，由于自然地理环境相当复杂，因此，形成了多种类型的草原牧场，是长江上游的重要畜牧区之一。

通天河自囊极巴陇起向东北流长约31公里左岸有然池曲注入。然池曲发源于日阿尺山，又名日阿尺曲，亦称曲玛牛，意为"浑浊的红河"。河源海拔5080米，上游称鄂茸曲，为季节河（或称间歇河，每年7—10月有水流）。流长约40公里汇入然池曲，南流又转东后接纳桑恰当陇曲过沼泽区，在曼木太措从左岸注入通天河。然池曲全长约112公里，流域面积2587平方公里，多年平均年径流量约1.3亿立方米。

通天河流域气候寒冷，多年平均气温曲麻莱为 -2.6℃、玉树为 2.9℃，极端最低气温曲麻莱为 -34.8℃。通天河流域降水量较少，通天河下段直

我爱青海

门达站多年年平均流量为 377 立方米 / 秒，多年平均年径流量为 119 亿立方米。通天河一级支流年径流量均不大，最大为莫曲 11.7 亿立方米，最小为细曲 2.65 亿立方米。

通天河干支流的两岸山岭、台地和平滩大部分为矮林、草皮覆盖，下段两岸植被较密，逐渐出现乔木和森林，经济已由纯牧业向农牧业过渡。两岸阶地和支流河谷，可种植青稞等耐寒作物。玉树、称多两县有农田 14 万亩，岗桑寺、直门达两岸阶地，种有青稞、小麦、油菜、白菜、萝卜等。

通天河河水清澈，水质良好。水能资源理论蕴藏量干流近 300 万千瓦，支流约 80 万千瓦。目前已开发利用的不足 1 万千瓦。通天河沿岸产沙金，并有多种矿藏。珍贵动物资源有野牦牛、马鹿、香獐、岩羊、羚羊、白唇鹿和雪鸡、黑颈鹤、天鹅、棕头鸥、斑头雁等。支流聂恰曲流域的治多县，有被誉为白唇鹿之乡的国有养鹿场。白唇鹿是中国特有珍兽，是世界珍奇动物之一。北麓河产水獭，河湖内有大量的高原鱼类，是重要资源之一。支流益曲中游有国家级自然保护区——隆宝湖，湖周有大面积沼泽湿地，是国家一级保护濒危珍禽黑颈鹤的繁衍栖息地。冬虫夏草也是通天河流域内珍稀特产。

三江源头的白唇鹿 >

第四节 青海的行政区划

　　1949年，中华人民共和国成立，青海省省会设于西宁。1999年，青海省辖6州、1地、1市：西宁市、海东地区行政公署、海北藏族自治州、海南藏族自治州、黄南藏族自治州、果洛藏族自治州、玉树藏族自治州、海西蒙古族藏族自治州。总计有51个县级行政单位。

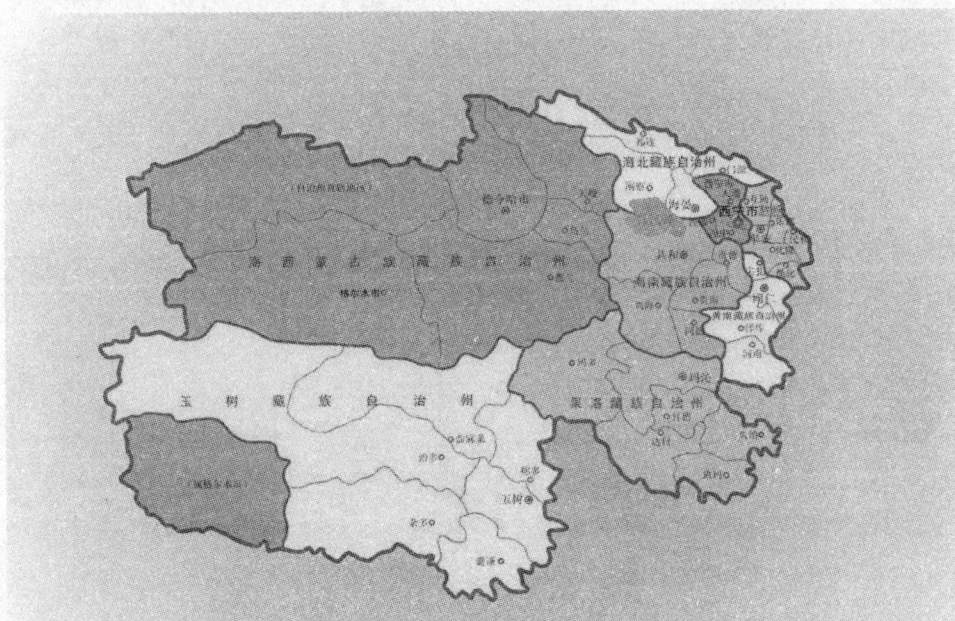

∧ 青海政区图

第二章

资源与物产

踞于巍巍昆仑山和祁连山之间的柴达木盆地，以青藏高原"聚宝盆"之誉蜚声海内外。在约 20 万平方公里的柴达木盆地中，有一种独具特色的自然景观，这就是星罗棋布的盐湖。这些盐湖，有的与雪山为邻，把绵延的山峦和皑皑的白雪倒映湖中；有的静卧在荒漠里，四周围绕着白色的盐带，宛若戴上皓玉似的项圈。盐湖水中含有多种化学元素，蕴藏着巨大的无机盐矿产资源。盐湖资源是青海省的第一大资源，位居全国第一。

∧ 昆仑玉工艺品——虎虎生威

第一节　自然资源

一、水能资源

　　全省有 270 多条较大的河流，水量丰沛，水能储量在 1 万千瓦以上的河流就有 108 条，流经之处，山大沟深，落差集中，有水电站坝址 178 处，总装机容量 2166 万千瓦，在国内居第 5 位，居西北之首。尤其是黄河上游从龙羊峡至寺沟峡的 276 公里河段上，水流落差大，地质条件好，淹没损失小，投资省，造价低，水电站单位造价比全国平均水平低 20 ~ 40%，初步规划可建设 6 座大型电站和 7 座中型电站，总装机 1100 万千瓦，年发电量 368 亿千瓦时，是我国水能资源的"富矿"带。

知识小百科

万里黄河第一坝

　　龙羊峡位于青海共和县境内的黄河上游，是黄河流经青海大草原后，进入黄河峡谷区的第一峡口，峡口只有 30 米宽，坚硬的花岗岩两壁直立近 200 米高，是建立大坝的宝地。龙羊峡水电站最大坝高 178 米，为亚洲第一大坝。坝底宽 80 米，坝顶宽15米，主坝长396米，左右两岸均高附坝，大坝全长1140米。它可以将黄河上游13万平方公里的年流量全部拦住，在这里形成一座面积为380平方公里、总库容量为240亿立方米的我国最大的人工水库。

龙羊峡人工水库已成为美丽的旅游景点，大坝锁黄河，高峡出平湖。碧波荡漾，湖光山影，乘游船绕湖一周，苍穹碧野，心旷神怡，游客才顿然悟到，黄河水在这里是"清"的。清清的黄河水，是大自然的赐予，是人们对黄河利用和改造的结果。

< 龙羊峡水电站

二、盐湖资源

盐湖是咸水湖的一种，干旱地区含盐度（以氯化物为主）很高的湖泊。淡水湖的矿化度小于1克/升，咸水湖矿化度为1～35克/升，矿化度大于35克/升的则是盐湖。盐湖是湖泊发展到老年期的产物，它富集着多种盐类，是重要的矿产资源。

我国西部什么地方是最大的产盐地？是青海。青海有大大小小的盐湖100多个，储量丰富，所以盐湖资源历来被认为是青海省的第一大资源，位居全国第一。

我爱青海

　　在约 20 万平方公里的柴达木盆地中,有一种独具特色的自然景观,这就是星罗棋布的盐湖。这些盐湖,有的与雪山为邻,把绵延的山峦和皑皑的白雪倒映湖中;有的静卧在荒漠里,四周围绕着白色的盐带,宛若戴上皓玉似的项圈;有的表面已干涸,结为坚硬的盐石,铁路公路从上面通过。盐石千姿百态,大有云南石林的风采。盐湖水中含有多种化学元素,蕴藏着巨大的无机盐矿产资源。在青海的盐湖中,最大也最出名的是茶卡盐湖、察尔汗盐湖和柯柯盐湖,它们都分布在柴达木盆地。

　　察尔汗盐湖是世界上最大的天然盐湖之一。它是我国最大的天然盐湖,以钾盐为主,伴生有镁、钠、锂、硼、碘等多种矿产。储量颇丰的盐矿资源再加上长达 32 公里的奇异“万丈盐桥”风光,使它的名字响亮了半个多世纪。

　　察尔汗盐湖位于青海省格尔木市,是中国最大的盐湖,也是世界上最著名的内陆盐湖之一,青藏铁路穿行察尔汗盐湖而过。盐湖东西长 160 多公里,南北宽 20 ~ 40 公里,盐层厚约为 2 ~ 20 米,面积 5800 平方公里,海拔 2670 米。据有关专家估算,湖中储藏着 500 亿吨以上的氯化钠,可供全世界的 60 亿人口食用 1000 年。这里还出产闻名于世的光卤石,它晶莹透亮,十分可爱。伴生着镁、锂、硼、碘等多种矿产,钾、盐资源极为丰富。

资源与物产

据史料记载，对察尔汗盐湖的开发，始于上世纪50年代。为解决我国农业对钾肥的巨大需求，科考工作者们揭开这里亿万年来都未曾被触动过的厚厚盐盖，竟发现，在这总面积达5856平方公里的盐层下静静流动着富含钾盐的卤水。从1958开始，科研人员和参加西部建设的志愿者进驻察尔汗盐湖，在生产、生活条件和工艺技术都不具备的情况下，土法上马，拉开了我国钾肥工业开发的序幕。

"察尔汗"是蒙古语，意为"盐泽"。盐湖周围地势平坦，荒漠无边，但风景奇特。整个湖面好像是一片刚刚耕耘过的沃土，又像是鱼鳞，一层一层，一浪一浪。遗憾的是土地上无绿草，湖水中无游鱼，天空上无飞鸟，一片寂静。

盐湖地处戈壁瀚海，这里气候炎热干燥，日照时间长，水分蒸发量远远高于降水量。因长期风吹日晒，湖内便形成了高浓度的卤水，逐渐结晶成了盐粒，湖面板结成了厚厚的盐盖，异常坚硬。这种盐盖承载能力很大，汽车、火车可以在它上面奔跑，飞机可以在它上面起落，甚至可以在它上面建房屋、盖工厂。著名的青藏铁路、敦格公路和中国最大的钾肥厂察尔汗钾肥厂，都是修建在察尔汗盐湖之上的。

＜汽车行驶在盐湖上

我爱青海

三、太阳能和风能资源

太阳能资源。青海阳光灿烂，日照充足，蕴藏着极为丰富的光能资源。全省日光辐射量在 160 ~ 175 大卡 / 平方厘米。青海的柴达木地区，全年日照时数为 3553.9 小时，是著名的"阳光地带"，具有很高的开发利用价值。

风能资源。青海处于 3 类风能可利用区，全省 90% 以上的地区年平均风速都在每年 3 米以上，全年可利用风能时间在 3000 小时以上，年平均可用风能 100 千瓦 / 平方米左右。柴达木盆地、青海高原以西地区，全年风能可利用时间为 6100 小时以上，大风日数年平均可达 150 天以上。目前对风能资源已着手试验利用，有着很大的开发潜力。

第二节　能源与矿产

一、石油天然气资源

石油天然气资源是青海的优势资源之一，主要集中在青藏高原西北部的柴达木盆地。石油集中于盆地的西北部的冷湖地区和西部花土沟地区，目前已知有三个时代的含油层，含油面积约 147 平方公里，查出的

<油龙穿越青藏高原

面构造 140 多个，潜伏构造 2 亿吨，冷湖油田，花土沟油田，尕斯库勒油田都在全国大油田之列。柴达木石油质量优良，冷湖五号轻型油含油率高达 78%，相当于国内其它油田的 2.2 倍。柴达木石油远景储量可观。天然气主要分布于盆地中西部，现已查明马海，涩北一号，涩北二号，台吉乃尔湖南，驼峰山，盐湖等六个气田，地质储量 400 多亿立方米，据对盆地地质构造的科学分析，这里具有良好的成矿条件，新增油气储量前景十分乐观。

20 世纪 50 年代起，国家就着手于柴达木盆地石油天然气勘探开发，进入 80 年代，以建设石油三项工程为标志，青海的石油天然气资源的开发进入了一个新的阶段。经过两个五年计划的努力，已建成年产 120000 万吨原油的格尔木炼油厂，铺设了 340 公里的输油管道。

二、页岩气资源

青海省地质部门的勘查显示，位于青藏高原东部的青海省页岩气资源丰富，分布面积约 45 万平方公里，达到全省国土面积的三分之二。青海在特殊构造背景的影响下，形成了以黑色页岩为主体特点的烃源岩层系，

分布面积约 45 万平方公里，累计最大地层厚度超过 10 千米。青海晚古生代、中生代分布范围广、地层厚度大、有机质含量较高，可作为青海页岩气勘探研究的重要层系之一。目前，由中国地质调查局在我国西北地区实施了侏罗系第一口页岩气探井——柴页 1 井，发现页岩层段累计厚度达 141.42 米，已有的资料数据显示具有良好的开发前景。另外，还在柴达木盆地北缘实施了西北地区第二口以侏罗系、石炭系地层为目的层的页岩气探井——德页 1 井，这些都为柴达木盆地未来进行页岩气的大规模勘查开发提供了依据。

三、矿产资源

青海地处欧亚板块与印度洋板块的衔接部位，区内地质构造复杂，成矿地质作用多样，全省主要成矿区（带）由北而南划分为：祁连成矿带、柴达木盆地北缘成矿带、柴达木盆地成矿区、东昆仑成矿带、"三江（金沙江、澜沧江、怒江）"北段成矿带等。其中祁连成矿带以有色金属、石棉、煤为主；柴达木盆地北缘成矿带以贵金属、有色金属、煤炭为主；柴达木盆地以石油、天然气、盐类矿产为主；东昆仑成矿带以有色金属、贵金属矿产为主；"三江"北段成矿带以铜、铅、锌、钼等有色金属矿产为主。

> 青海省天峻县木里镇祁连山南麓"可燃冰"钻探现场

有色金属和黄金资源储量较大的有铅 115 万吨、锌 153 万吨、铬 23 万吨。此外，镍、钴、钼、钨、锡、汞也有相当大的储量。岩金和砂金分布广泛，很有勘探和开发前途。

非金属矿产资源全省共发现矿种 36 种，有 5 种列全国第 1 位。主要有石棉、石膏、石英、石灰岩、石墨等，其中石棉保有储量占全国的 63%。

2010 年在青海冻土带又发现了"可燃冰"资源，使中国成为世界上第三个在陆地上发现"可燃冰"的国家，入选全国十大地质科技成果，有望成为未来的新型能源。

第三节　农牧资源

一、种植业

青海省地域辽阔，土地资源比较丰富，但耕地面积小，其比重不到土地总面积的 1%，且山旱地多，水浇地少，同时，又地处高寒，绝大部分地区一年一熟，复种指数较低，因此种植业生产受到一定限制。目前，青海 60 多万公顷耕地中，50% 以上是中低产田，现有耕地增产潜力还没有充分发挥。随着对农业基础地位的不断重视，农业生产条件不断改善，青海种植业发展潜力还是比较大的。

新中国建立以前，青海省的种植业生产非常落后，耕作粗放，广种薄收，产量低而不稳，且结构不合理。新中国建立以后，随着农村经济制度的改革和农业生产条件的改善，物质基础的不断加强，青海省种植业生产得到迅速发展。中国共产党十一届三中全会以来，青海种植业生产有了新发展。特别是近几年，随着"菜篮子"工程逐步实施，蔬菜大棚和地膜覆盖等先进技术大面积推广，不仅增加了产量，增添了花色品种、而且延长了蔬菜上市季节，缩短了淡季。目前，蔬菜品种已达50余种以上，细菜比例占50%以上，蔬菜基地建设也初具规模。水果生产发展迅速。广大农民不但在承包耕地上实行果粮间作，增产增收，而且大搞开发性生产，向宜果荒

知识小百科

门源油菜籽产业

门源种植小油菜已有1800多年的历史，是北方小油菜的发源地。门源小油菜性阴凉，耐寒冷，生长期短，抗灾性强。门源的气候、土壤、地理环境适合于小油

门源油菜花海 >

菜的生长。门源小油菜浑身是宝，油菜籽平均含油量42.5%，出油率32.1%，是加工烹调油的理想原料，除加工成烹调油外，还可加工成色拉油、人造黄油、氧化油、起酥油、食用脂肪等高档食用品，可用于医药产品、化妆品等工业。油菜籽榨油后的麻渣（油饼），是饲养家畜的优质蛋白饲料配料，还是优质、高效的有机肥料和土壤改良剂，近年来被栽培绿色蔬菜和有机蔬菜的商家所青睐。

山荒滩进军，并充分利用房前屋后、庭院空地栽种果树。1999年，青海水果总产量达24144吨，比1978年增长2.75倍。品种也以梨、沙果为主转为经济价值较高的苹果为主。花卉、药材种植有了起步。

二、畜牧业

　　青海省是全国五大牧区之一，境内草原辽阔，牧草肥美，有许多适合当地生存条件的家禽和野生动物资源。青海省草原面积为3600万公顷，其中可利用草场面积为3160万公顷，畜牧业是青海省牧区的主体经济，农区的支柱产业，也是青海的优势之一，在青海国民经济中占有重要的地位。十一届三中全会以来，随着牧区经济体制改革不断深化，加强畜牧业发展的政策、措施不断落实，青海省畜牧业焕发了蓬勃生机，生产条件不断改善，畜牧业生产稳步发展，生产效益不断提高。

　　随着畜牧业的稳步发展，社会主义市场经济的确立和发展，广大农牧民的商品意识大大增强。1999年青海省牲畜商品率为18.42%，比1990年提高6.04个百分点。其中，大牲畜商品率达到10.18%，比1990年提高2.32个百分点，羊的商品率达到20.69%，比1990年提高6.56个百分点；猪的商品率达到71.21%，比1990年提高29.02个百分点。

知识小百科

青海牦牛

　　牦牛生活在青藏高原 3000～5000 米海拔的高寒地带，给人们带来的是牛奶、黄油、牛毛、牛肉，甚至还有燃料，被誉为高原的生命之源。在青海，牦牛是一种珍贵的绿色资源。据统计，全世界现有 1400 多万头牦牛，其中青海省就有 480 万头。牦牛是世界上唯一可供人类食用的源种牛，没有和其它牛杂交过。牦牛生长的区域是一片难得的净土，生态环境决定了牦牛体内蕴藏着高营养、高功能的有机成分。

　　据专家分析，越是海拔高地方的动植物，对人类健康越有益处。牦牛喝的是矿泉水、吃的是冬虫夏草，是真正的绿色食品。牦牛产奶量非常低，营养成分却非常高，唯有牦牛奶能做成真正的"酸奶"（靠天然发酵而成）。牦牛还是唯一具有绒的牛，牦牛绒是一种上好的纺织原料。牦牛作为一种稀缺的绿色资源，极具开发价值。

∧ 青海牦牛

三、林业

　　青海省地处青藏高原，由于受自然地理条件的影响，林业资源不仅贫乏，且地理分布不平衡。解放前，对林业生产重视不够，重伐轻造，轻造轻管，青海林业生产水平低下，森林资源破坏严重。新中国建立后，青海林业进入新的发展时期，特别是中国共产党十一届三中全会以来，随着一系列鼓励和发展林业政策、措施的制定与实施，调动了各方面的积极性，青海林业生产步伐加快，效益日益显著。

　　近年来青海造林速度大大加快，造林质量逐步提高。1979年以前，青海省年均造林不足0.67万公顷，1979年至1999年，年均造林面积达到3.5万公顷。林业重点工程进展顺利，林业生产的生态效益、经济效益和社会效益日益提高。随着"三北"防护林工程、长江中上游防护林工程、东部农业区农田防护林工程、湟水流域黄土丘陵山地水土保持薪炭林工程等的逐步实施，青海东部川水地区基本实现农田林网化，部分地区水土流失初步得到控制。大量的四旁树，不仅保护和美化了环境，而且在一定程度上缓解了农村用材紧张、燃料短缺的状况。城镇绿地、园林地也不断增多，为居民提供了更多的游憩场所。

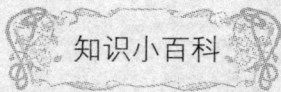

知识小百科

青海麦秀国家森林公园

　　麦秀国家森林公园位于黄南州泽库县境内，距州府隆务镇32公里，是一个原始森林自然风景区。区内群峰叠翠，林海苍茫，流水清澈，鸟语花香。春天繁花似锦，

我爱青海

夏天浓荫蔽日，秋天枝头挂金，冬天玉树银花，是一处幽静的避暑胜地。林区有大黄、秦艽、雪莲、冬虫夏草等名贵药材和苏门羚、雪豹、麝香、雪鸡、环颈雉等珍稀动物，是高原动植物的保护区，已被批准为国家级森林公园。林区内可以举办登山、狩猎、射击和科技考察等活动。在麦秀森林附近建有同仁曲库乎温泉宾馆，泉水温度保持在30℃左右，内含多种矿物质，是沐浴、疗养和休憩的理想场所。

青海麦秀国家森林公园 >

　　在森林资源保护方面，基本上封禁了木材采伐。森林资源逐年增加。西部大开发，生态环境保护得到空前重视。退耕还林，加强林木种植和保护等措施的实施，为青海林业发展带来了难得的机遇。

四、水产业

　　青海省地处高原，气候寒冷，鱼类繁殖生长缓慢，但境内河流纵横，湖泊众多，塘库星罗棋布，类型多样，水体资源十分丰富，具有发展水产业的优势。中华人民共和国成立以后，青海水产业得到了恢复和发展。特别是中国共产党十一届三中全会以来，随着农村牧区经济体制改革的不断深化，极大地调动了广大群众的积极性，使青海省水产业生产呈现国家、

∧ 农民展示从自家养殖基地捕捞上来的金鳟鱼

集体、个人一起上的局面。养殖渔业发展迅速，养殖技术有新突破。主要是东部地区群众性池塘养鱼得到巩固和提高。池塘单产有较大幅度增长，流水养鱼亩产和水库网箱亩产也大幅度提高。西部地区湖泊养鱼逐渐恢复，格尔木地区池塘养鱼开始起步；龙羊峡水库虹鳟鱼开发已逐步形成产业规模，成为全国最大的、产品最集中的虹鳟鱼网箱养殖基地。

　　资源保护工作得到加强，捕捞生产限产幅度较大。青海湖实行了限额捕捞，每年限产 100—200 吨，在一定程度上遏制了对青海湖裸鲤的破坏。扎陵湖、鄂陵湖等因开发条件较困难，产量一直比较稳定，捕捞开发趋于合理。基础设施建设得到加强，水产科技开发和服务体系建设步伐加快。近年来重点加强了养鱼综合基地、虹鳟鱼繁育中心、网箱养殖基地和渔品加工厂、渔政检查船和养殖用船等的建设和配套。水产科技以引进先进适用养殖品种、养殖技术为主，通过科技开发、引进试验、利用外资等形式先后在高寒地区池塘养鱼、网箱养鱼、卤虫开发、河蚌育珠和虹鳟鱼产业化开发等方面取得一系列突破，为高原淡水渔业的发展开辟了新的技术途径，渔业生产水平有较大幅度提高。

第三节　独有的土特产

一、冬虫夏草

　　古人云："宁要虫草一把，不要金玉满车"，由此可见冬虫夏草的珍贵，它与人参、鹿茸并列为三大补品。从明朝开始，冬虫夏草就在国际上享有很高的声誉，近年来更是成为比黄金还贵的补品，人人趋之若鹜，作为一味名贵的中药材，冬虫夏草在我国特别是在台湾、香港、澳门地区及海外华人中深受喜爱。冬虫夏草仅分布于我国青藏高原海拔3500米～5000米的高山草甸和高山灌丛带。青海是冬虫夏草的主产区之一。我省由于地

产自青海玉树的冬虫夏草 >

资源与物产

理位置和气候条件特殊，为冬虫夏草的滋生和繁衍创造了优越的条件，冬虫夏草资源丰富。我省冬虫夏草多分布在海拔高度 3600 米～4600 米的区域内，具有垂直地带性分布特征，主要分布于玉树、果洛两州，以玉树州虫草产量最高，品质最优的冬虫夏草产自玉树藏族自治州。

冬虫夏草别名虫草，是虫和草结合在一起长成，冬天是虫子，夏天从虫子里长出草来。虫是虫草蝙蝠蛾的幼虫，草是一种虫草真菌。夏季，虫子将卵产于草丛的花叶上，随叶片落到地面。经过一个月左右孵化变成幼虫，钻入潮湿松软的土层。土层里的虫草真菌的子囊孢子会侵袭那些肥壮、发育良好的幼虫，幼虫受侵袭后钻向地面浅层。孢子在幼虫体内生长，幼虫的内脏消失，变成一个充满菌丝的躯壳。第二年春天，菌丝开始生长，夏天时长成一根小草，这样组成了一个完整的"冬虫夏草"。冬虫夏草价格不断飙升，挖的人越来越多，挖掘范围越来越广。现在每到 4 月、5 月、6 月，青海省出产虫草的地方就形成了"全民总动员"。除了本地老百姓之外，来自附近四川、新疆、甘肃和宁夏等许多省区的人们也千方百计进入青海加入到挖冬虫夏草的行列。年复一年人流不断在草场上践踏、挖掘，对草原植被造成巨大的破坏。

知识小百科

乾隆与冬虫夏草

乾隆享年 88 岁，是中国历史上最长寿的皇帝。53 岁的时候，乾隆犯了头晕腰痛病，吃遍御医开的药，感觉效果不是很理想。

有一天，他偶然和宠臣和珅说起自己的身体状况，和珅当然不会错过这个讨好乾隆的机会，便将自己要好的郎中引荐给乾隆。郎中给乾隆把了脉之后，开了如下药方：冬虫夏草 3 克，枸杞子 12 克，山药 6 克，乌鸡 60 克，蒸煮炖服。乾隆依言，

连续服用2个月后，身体恢复如初，头晕腰痛等不适症状消失，精力大增。乾隆大喜，问郎中为何仅靠3味中药就解决了御医的难题。郎中说这份功劳当属冬虫夏草。冬虫夏草"补肺肾，益精气"，"理诸虚百损"，集养生、保健、治疗于一体，不但能补肾，而且长期服用可以延缓衰老。乾隆得知冬虫夏草有如此好处，即令郎中再施妙手，为他配制了冬虫夏草酒，经常饮用。

二、人参果

　　人参果是指一种野生的多年生草本植物的块根，高原的人叫这种植物的块根为蕨麻，又叫延寿果、蓬莱果等。人参果是一种很好的甜食辅料。它含糖63%，含蛋白质15%，脂肪1.1%，还含丰富的维生素和钙、磷、铁等无机盐，可用来做糖和制酒。一般用它的根做稀饭，甘甜生津，味鲜可口，营养丰富。它还可用作八宝饭、糕点的配料，藏胞则将它和大米混合蒸煮，再加酥油，成为待客的美食。

　　人参果是一种甜食辅料，它的全株又是藏药之一，性味甘、温，有健脾益胃，收敛止血，生津止渴，补血益气之功效，是有助健康，使人益寿延年的佳果。其果大，质量好，久负盛名，远销沿海各地，是馈赠亲友之佳品。

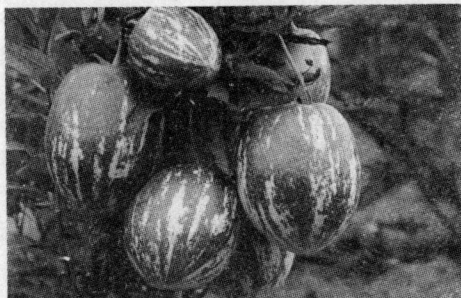

人参果 >

三、柴杞

青海枸杞又名柴杞，主要出产于柴达木盆地，鲜果玲珑剔透，红艳欲滴，状似红宝石，色红粒大，果实卵圆形，籽少、肉厚，大小均匀，无碎果，无霉变，无杂质，品质优良，这主要得益于青海柴达木盆地独具特色的高原大陆性气候。枸杞子味甘、性平，具有滋阴补血，益精明目等作用。中医常用于治疗因肝肾阴虚或精血不足而引起的头昏目眩、腰膝酸软、阳痿早泄、遗精、白带过多及糖尿病等症。

< 柴杞

四、青稞酒

以青稞为主要原料酿制的白酒，有300多年生产历史，民间素有土法酿制熬酒传统，名为"酩"。以作坊形式酿制，始于明末清初，山西"客娃"将杏花村酿酒技术带到青海，并用当地黑青稞作主料，配以豌豆、黑燕麦

互助牌青稞酒 >

等酿造出别具风味"威远烧酒"。此后，历经各家烧房的酒大工、曲大工不断实践，形成了从踩曲、制坯到蒸馏一套完整的酿造技艺，自成体系。后来经完善生产工艺，采用先进的"老五法"，使其色、香、味独具一格。特点是香味纯正，酒体澄明，醇和绵软，回味悠长。青海的青稞酒以青稞为原料，青稞、小麦、豌豆制曲，科学配料，大曲糖化产业自然香味，精选陈酿精心勾兑而成，饮后不头痛、不口渴、不伤胃、醒酒快。由青海省青稞酒厂生产的互助牌青稞头曲为省优产品，中国公认名酒。头曲、特曲、青稞液多次获全国、国际博览会、香港国际名酒博览会金奖、银奖。乐都特曲获中国驰名白酒精品，头曲、青稞酒分获"中国优质白酒精品"和"中国白酒精品"称号。湟中金塔头曲、五粮春为青海名酒，获巴黎金奖。

五、昆仑玉

昆仑玉，又称青海玉，属于软玉。产出地段属昆仑山脉东缘入青海省部分。青海软玉与和田玉在物质组合、产状、结构构造特征上基本相同，只是在产出特征、结构、物性的某些方面与和田产软玉略有区别。

<昆仑玉工艺品摆件

　　昆仑玉产于昆仑山玉虚峰附近，海拔 4100 米的高山上，玉虚峰是道教昆仑派仙师修炼升天的地方，传说昆仑山的仙师们把昆仑玉种在苗圃中，尽心呵护一千年就能泌出一滴玉膏，然而玉非常难种，常常眼看快成膏时却忽然毁了，数百年的心血瞬间化为乌有。因而传说，昆仑玉是房屋镇宅祈福的宝物，在庭院或别墅的花园里拥有一块或数块浅绿色的昆仑玉，此昆仑玉经过露水或雨水滋润后，即通体变成宝石一样的翡翠绿色；再经阳光照射干燥后，又变回原来的浅灰绿色，如开厂设店，也可将此做为镇厂、镇店之宝物，此玉即可观赏又有平安驱邪等不可思议的神奇作用。

　　青海昆仑玉开发的历史悠久，据中国科学院考古研究所专家学者考古鉴定，距今四千多年前的我国黄河上游的齐家文化遗址、马家窑文化遗址、喇家遗址、都兰古墓遗址等文化遗址中，都有青海昆仑玉成品及半成品。

　　青海昆仑玉质地细润、淡雅清爽、油性好，透明度高，可分白玉、灰玉、青玉、白带绿、糖包白等等。昆仑玉"白加翠"，是其独有的一个奇特品种。白中带有碧绿的玉质颜色，纹理细腻独特，色泽美丽丰富，让人觉得神清气爽，美不胜收。经科学检测，昆仑玉石中含有硒、锌、铜、钴、锰等多种微量元素。长期佩玉，对人的健康十分有益的微量元素逐步被人体吸收，保持体内各种元素的平衡，能够起到祛病健身的作用。由于目前

新疆和田玉资源的日益稀少，与新疆和田玉同出一脉的青海昆仑玉必将占有一定地位。

为什么选昆仑玉做奥运奖牌的玉料？

2007年年初，北京奥运会奖牌设计方案确定金镶玉的设计后，青海省政府就向北京奥组委提出将青海昆仑玉作为北京奥运会奖牌材料的请求。经过多次现场考察，北京奥组委最终批准奥运奖牌取材青海昆仑玉。

为什么会选昆仑玉做奥运奖牌的玉料呢？

首先是昆仑玉与和田玉同属昆仑山玉矿带，成矿条件相同，在物质组分、产状、结构构造特征上基本相同。其次是昆仑玉具有质地细腻、储量大、品质均匀的特点，材料块体大，每块奥运奖牌完全可以在一块原料上制作完成。玉环能做到色样统一、品质均匀一致，这是其他原料无法比拟的优势。再次，昆仑玉具有奥运奖牌所需白玉、青白玉、青玉的全部原料品种，各品种原料库存储备充足，不需备料，直接按奥运奖牌制作所需选料，可以保证奥运奖牌制作的顺利完成。第四，昆仑玉相比和田玉价格较低，奖牌制作成本可大幅降低，符合奥运精神。

作为 2008 年奥运会 >
奖牌所用玉料的样品

六、青海长毛绒

青海长毛绒，又称"海虎绒"。一种布面起毛，状似裘皮的立绒毛织物。正面有密集的毛纤维均匀覆盖，因而有良好的保暖性。青海长毛绒以西宁毛为原料，优点是绒面丰满，毛丛挺立，质地厚实，富有弹性，手感滑爽，色谱齐全，所做服装防寒保暖，轻巧柔软，美观大方。青海"黑天鹅"牌5082长毛绒质地优良，1963年开始生产，远销20多个国家和地区，1980年获国家银质奖章。在"黑天鹅"牌5082长毛绒的基础上，有"红狐"牌双面立绒毯（获省科技成果二等奖）、派克长毛绒、银枪长毛绒及印花仿兽皮花纹绒等新产品。印花仿兽皮花纹绒花形美观，富有动物绒毛的光泽和真实感，适合制作各种动物玩具，形象栩栩如生，在国际市场上颇受欢迎。

七、青海湖湟鱼

湟鱼，学名裸鲤，体长形，全长60厘米左右，稍侧扁，头锥形，口呈马蹄形，唇狭窄、无须，身体无鳞，故称裸鲤，体背灰褐色或黄褐色，腹部灰红色或者浅黄色。裸鲤栖于青海湖及环湖各河流，为国家二类保护动物。它同泰山的赤鳞鱼、富春江的鲥鱼、洱海的弓鱼和油鱼，并称我国五大名鱼。

为了适应高原环境，湟鱼脱去身上的鳞，变成无鳞水鱼，在青海湖里繁衍栖息，成为青海湖特有的鱼种。湟鱼是迄今为止人们发现的最耐盐和碱的鱼，但它们却是淡水鱼。由于湖水很冷，生长速度非常缓慢，十年才

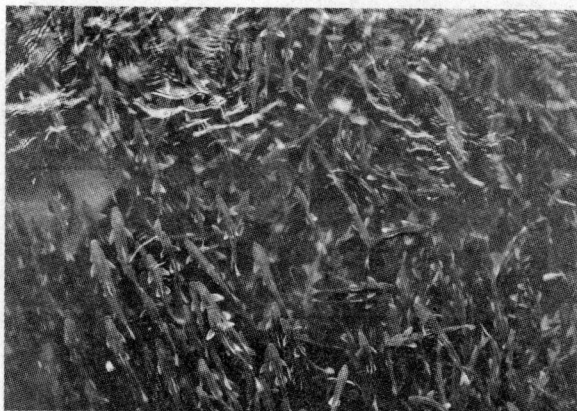

能长一斤，若不控制捕捞行为，将导致湟鱼资源枯竭，青海湖也将成为"死湖"。为此，国家将湟鱼列为了保护动物，最近的一次封湖令一直到2010年，这保证了越来越多的湟鱼能从这里出发，去往产卵地，给青海湖湟鱼暗淡的生存前景带来了无限生机。

　　每年夏季六七月份是湟鱼繁殖季节，也是观鱼的最佳时节。为了繁衍后代，湟鱼只能选择一趟艰苦的跋涉。盛夏之际，它们密集成群，溯河洄游刚察境内的沙柳河、布哈河、泉吉河受精排卵。通过浅滩时，背鳍露出水面。恰似千帆竞发，最终在适宜的产卵地方形成数十里河道"半河清水半河鱼"的奇特景观，真可谓是生命演绎的奇迹。

八、门源油菜籽

　　门源种植小油菜已有1800多年的历史，是北方小油菜的发源地。门源的气候、土壤、地理环境适合于小油菜的生长。门源小油菜性阴凉，耐寒冷，生长期短，抗灾性强。门源小油菜浑身是宝，油菜籽平均含油量42.5%，出油率32.1%，是加工烹调油的理想原料，除加工成烹调油外，

< 门源油菜花

还可加工成色拉油、人造黄油、氧化油、起酥油、食用脂肪等高档食用品，可用于医药产品、化妆品等工业。油菜籽榨油后的麻渣（油饼），粗蛋白质含量在 36—38%，粗蛋白中含有多种氨基酸，是饲养反刍家畜的优质蛋白饲料配料，还是优质、高效的有机肥料和土壤改良剂，近年来被栽培绿色蔬菜和有机蔬菜的商家所青睐。

门源年产油菜籽近 5 万吨，油菜籽含油率高达 48% 以上。且门源菜籽油含有丰富的维生素 E、维生素 B，由 18 种脂肪酸成分组成，油酸、亚

知识小百科

门源油菜花节

每年的 7 月 18 日—25 日，举办门源油菜花节。7 月的门源是人间天堂，纯净的蓝天白云舒卷，苍鹰盘旋，辽阔的草原草青花红，牛羊如云，仙米林区群岭竞秀，万木争荣，60 万亩油菜花形成的百里油菜花海成就了博大壮阔的特有奇观。金灿灿的油菜花，冠以这里"门源油，满街流"的美誉，将其推至中国北方小油菜基地和全省蜂产品重地的显赫位置。2003 年 6 月底，门源油菜在引进优质甘蓝型种植模式的基础上，顺利通过青海省绿色食品认证。

我爱青海

油酸含量高，芥酸含量低，不含胆固醇，人体吸收率高达 99%，适合大众口味，具有一定的软化血管，延缓衰老之功效，是无公害、纯天然食品，食用植物油的首选。

九、湟源马牙

马牙蚕豆是湟源特有的农产品。因为地理气候条件特殊，地形复杂，马牙蚕豆植株高大，籽粒饱满，生物活性物质含量高，是一种十分理想的蛋白质营养源，其全籽粒蛋白及各种微量元素含量高，尤其重要的是研究发现马牙蚕豆是一种优质蛋白，其净蛋白利用率 46%，真消化率高达95%，其中球蛋白占总粗蛋白的 65.6%，清蛋白占 9.6%，谷蛋白占 5.8%，蚕豆蛋白的氨基酸中八种必需氨基酸总含量高达 2%，比谷类蛋白高 3 倍多，是小麦的 7.7 倍、玉米的 6.4 倍、马铃薯的 6.25 倍，也超过畜禽肉的含量。总体评价，马牙蚕豆蛋白的氨基酸组成接近人体和动物体生理需要的理想比例，是一种营养价值很高的优质蛋白。除此之外，蚕豆蛋白还有一个十分突出的优点，动物蛋白常含较多的胆固醇，而蚕豆蛋白不仅不含胆固醇，

湟源马牙蚕豆 >

而且还能"干扰"人体内胆固醇吸收的植物甾醇——豆甾醇，因而可降低人体血清胆固醇含量，预防脑溢血和动脉硬化等症。

　　青海是我国春蚕豆的高产区，一般丰产田亩产可达400公斤以上，高产田则能达到500公斤左右，曾多次创造国内小面积高产纪录。其在青海所具有的生长势强、结荚多、籽粒大、百粒重高的产量优势是很多地区所无法比超的。而且，青海的蚕豆豆粒大、饱满、色泽佳、无虫蛀，尤其是无豆蟓危害，在国内外市场具有很强的商品优势。对于发展蚕豆鲜产品和优质蚕豆种子，青海蚕豆还具有明显的反季节优势。近年来，青海蚕豆不仅享誉国内市场，而且还畅销国外市场，中东、东南亚以及欧洲的许多国家都在进口青海蚕豆。

第三章

青海的历史

　　青海历史悠久，地处华夏民族的摇篮——黄河、长江的源头，民族众多，文化灿烂，早在二三万年前的旧石器时代，就有人类繁衍生息。马家窑文化、齐家文化、卡约文化以及乐都柳湾彩陶遗址、喇家遗址、吐蕃墓葬群等的出现与发掘，见证着青海自古就有多民族生息以及多民族文化的交融并存。

∧ 被誉为"海藏咽喉"、"茶马商都"的湟源丹噶尔古城

第一节 青海先民

　　早在距今二三万年前的旧石器时代晚期，青海先民即在今柴达木盆地、昆仑山一带活动生息。据考古发掘，众多的古文化遗存证明，青海

青海彩陶

　　地处河湟谷地腹部的青海省乐都县柳湾遗址是彩陶出土集中的地方，是至今我国发现和挖掘规模最大的一处原始氏族村落。因此，青海被誉为"彩陶王国"。青海彩陶纹样种类繁多，又有自身独特风格，造型饱满凝重，结构均衡严谨，笔锋流利生动，具有流线韵律和强烈动感，富于变化，在中国灿烂的远古文化中占有重要的地位。随着人类文明的不断发展，彩陶艺术收藏的价格随历史的变迁而身价百倍，同时也为家庭、写字楼、茶楼、餐厅、娱乐场所及宾馆增添了文化气息和质感。

青海彩陶 >

青海的历史

的开发至少已有五六千年的历史。省境内新石器时代文化灿烂辉煌，青海彩陶举世闻名。青海的古文化与羌人及其先民有关。古羌人活动地区很广，西起黄河源头，东到陇西地区，南达四川西部，北至新疆鄯善一带。秦汉时，羌人部落有150多个，每一部落有酋长，互不统属，过着逐水草而居的游牧生活，生产力低下，属原始社会形态。商周时代形成了羌部落，史称"西羌"。据商朝甲骨文记载，商高宗武丁出兵征伐西羌，青海东部大片地区纳入商朝版图。西周时期，青海与中原地区发生了政治、经济联系。

第二节　秦汉时期

公元前230年—公元前221。秦灭六国，结束了封建领主的分立局面。"兵不西行，故种人得以繁息"（《后汉书·西羌传》），青海一隅比较安定，羌人有较大的繁衍，向南越锡支河西迁数千里，以牧为业，很是兴旺。当时贸易是以物易物，牛在以物易物贸易中作用突出。冶铜技术的传入，改进了生产工具和生活工具，手工业有所发展。公元前2100—1000年间，河湟羌人正式进入了青铜时期。由于生产发展，战争增多，使"豪"的事务增多，权力扩大，逐渐成为军政首领。所以，河湟地区的羌人，这时就正式进入了奴隶社会，但尚未形成完善的国家政体。

公元前206，汉武帝为了截断羌人与匈奴之间的联系，进兵湟中，赶走羌胡诸部落，在青海设立临羌县和破羌县（今乐都一带），同时带来了先进技术和文化。西汉宣帝元年，令将军赵充国引兵攻先零羌，获胜，羌人降者万余人。同时实行屯田，开地2000公顷。这时羌人分化为生羌、

熟羌户。羌汉杂居，促进了河湟一带农牧业的进一步发展。西汉末年，王莽要西海羌人献地称臣，卑禾羌首领良愿同意让出西海周围的土地。王莽在今海晏县三角城设西海郡，置太守，下设五县。东汉建国后七八十年，羌人移居甘肃陇东、陕西西部、宁夏南部等地，称为东羌，以西地区的羌人称为西羌。东汉与羌人曾多次战争。从汉羌战中，汉胜利后获得羌人牲畜数量很大，以及收麦数万斛，说明当时羌人畜牧业发达，农业也具有相当的水平

知识小百科

西海郡故城

西海郡故城位于青海省海北藏族自治州海晏县县城西北约1公里，青海湖东北侧、湟水南岸的金银滩上，俗称"三角城"，为西汉新莽时代所设"西海郡"郡城遗址。根据《汉书》的记载，公元5年（西汉平帝元始五年），王莽派人诱使牧于青海湖地区卑禾羌献地臣服，以其地筑此城，定名"西海郡"，与已有的东海、南海、北海三郡齐名，取"四海归一"之意。公元89—104年（东汉永元中）也曾一度设置，

西海郡故城遗址 >

青海的历史

后来又废弃不用。在城址内发现的"西海安定元兴元年作当"铭文瓦当，是很好的断代依据。南凉和西秦时改称"海西郡"，又称"三角城"。故城保存得相当完整，东西长650米，南北宽600米，城墙残高达4米，基宽8米，顶宽2米，四个城门的门址保存完好，城内还隐约可以看出隆起的墙垣所构成的三个方形或长方形的小区。1988年1月被国务院公布为第三批全国重点文物保护单位。

第三节　三国、西晋、南北朝时期

公元3—6世纪，中国处于纷乱割据局面。魏、蜀、吴三国鼎立，忙于战争，它们都力图争取羌人。魏在青海置西平郡（今西宁市）。从天水、狄道以西，黄河以南，均为羌人游牧范围。晋统一后，仍设西平郡，并设将军于茫拉川（贵南境内）挟制羌人。在茫拉河两岸，羌人众多，产业发达。这时青海社会秩序较中原安定，中原人避难至此的很多，地方经济、文化有了进一步发展。公元397年至414年，鲜卑族势力扩大，并在乐都、西平（西宁）先后建立了地方割据政权，控制了数万羌胡部落。西平王曾在战争中掠夺人口，发展河湟地区生产。鲜卑人的一支吐谷浑建立的吐谷浑王国，设立学校，选拔人才，开科取士，设置官职，开辟了东西交通孔道，西宁成了交通要道。4世纪为吐谷浑最盛时期，其范围东西三千里，南北千余里。他们与羌人杂居，从事游牧。此时，青海东部河湟谷地种植业也较发达。青海广大牧业区进入了游牧封建社会的初级阶段，也促进了汉、羌、鲜卑各族人民的互相融合，推动了整个社会的发展。

第四节 唐宋时期

　　唐武德二年（619年）改西平郡为鄯州，任命刺史以控制青海。627年，唐太宗即位，吐谷浑族伏允派使者祝贺。6世纪中叶，西藏的吐蕃（音：波）日益强盛。吐蕃首领松赞干布击败了青海东部吐谷浑，完成了青藏高原的统一，建都逻些（拉萨），青海为吐蕃所辖。638年，吐蕃与唐在松州交战，互有胜负，松赞干布罢兵，向唐谢罪。唐遂应允和亲，640年唐太宗之女文成公主嫁于松赞干布。文成公主所带的工匠、艺人、书籍，对青海、西藏的经济、文化发展影响很大。710年，唐中宗之女金城公主嫁给吐蕃尺带珠丹。唐与吐蕃和好，并立碑于赤岭（今日月山），"交马"与"互市"均在赤岭。唐与吐蕃交往密切，青海便成了拉萨至长安的交通要道（即唐蕃古道）。同时，唐的农业、牧业和手工业技术，渐渐传入青海各地。737年，唐与吐蕃关系恶化，唐遂折毁赤岭界碑。在吐蕃统治青海的三个世纪里，形势比较安定。唐末，吐蕃在青海地区的统治被推翻后，广大牧区出现了许多小部落，形成割据局面，互相争战，杂居河湟地区，民族互相融合，生产发展。

　　960年，赵匡胤取代后周，建立宋朝，结束五代十国的割据局面。11世纪初，青海东部的封建势力拥立吐蕃普约后裔为王，称"唃（音古）厮啰"，号为宗喀王，建都"青唐"（今西宁）。它一方面保持吐蕃的文化传统，另一方面接受中原地区的汉族文化，使青海东部的文化、经济有进一步发展。到1099—1104年间，北宋中央政权力量到达河湟地区，并将鄯州改为西宁州，于是西宁名称开始使用。北宋政权在

门源古城

　　门源古城位于门源县境中部，县城东南，高踞浩门河北岸的一块台地上。隔河与照壁山相望，东、西临古城东路与古城西路，北今为房舍建筑物，距东关街二百米，习称古城。

　　城垣呈长方形，东西长约360米，南北宽约300米。城墙有马面，宽12米，有瓮城呈半圆形，城门一南向。靠近城墙，原有城壕，均填平且建有民房。目前城内无任何建筑物。旧时房舍早已荡然无存，唯破碎瓦片俯拾即是。根据《西宁府新志》及《大通县志》记载，门源古城建于宋代，被命名为大通城，浩门河并因城名而改为大通河，具体筑城年代当在1099年宋军收复河湟地区至1125年西夏攻占门源期间。关于古城被毁的原因，民间有骆驼客屠城的传说。属省级文物保护单位，城墙西北角竖有青海省人民政府的石刻保护标志。

< 门源古城遗址

河湟地区屯田，直到 1127 年，金兵攻入陕西时，北宋才放弃在青海的屯田。

第五节　元明清时期

13 世纪初，成吉思汗由中亚细亚回师，亲率大军经临洮进占西宁州，并在河州（今临夏县）设置吐蕃宣慰司都元帅府，管理甘肃、川北、青海一带吐蕃等族广大牧区，湟水流域各县，均受制于西宁州。当时牧区推行土司制度，并封吐蕃部落的上层分子为土司、千百户等职，以统治所辖地区。在这一时期，青海的游牧部落获得了安定生息。这时，在成吉思汗的支持下，藏传佛教在青海逐渐盛行起来，并建立了许多寺院。

1370 年，明军进入青海东部地区。1373 年改西宁州为西宁卫，并采取"裂土分爵，俾自为守"的办法，使他们互相牵制，作为明朝的统治工具。公元 1386 年，在西宁州旧城址的基础上建筑新的城垣。明朝建国后，认为用茶易马，可以巩固国防，以制羌、戎，使茶马互市制度更趋完善。1371 年，在秦、洮、河、雅诸州设茶马司，专管以内地茶叶换取西宁、河州、洮州、甘州等地的马匹。从元代起，统治阶级用宗教迷信推行愚民政策，使西番人口日有减少，生产发展逐渐停滞。明代西番的社会生活、地方建制与内地趋于一致，青海的农牧业区分已具体化，以土司、千百户管理牧农业生产，每年向王朝官府纳税。青海蒙古族人系明代由新疆迁来，其首领顾实汗，牧于青海湖周围、柴达木盆地及黄河河曲一带，人畜兴旺，势颇强盛。

青海的历史

∧ 始建于明洪武年间的湟源丹噶尔古城是中国西部的重镇

17世纪，顾实汗控制青海。1643年冬，李自成农民军贺锦部攻下西宁，翌年贺部从西宁撤走，顾实汗又乘机进驻西宁。1644年明朝灭亡，清兵入关，建立了清王朝。1653年（清顺治十年），五世达赖赴京觐见顺治返藏途中，清政府派员赐给金册金印，从此，达赖的地位得到正式确认。同时又册封顾实汗为"遵行文义敏慧顾实汗"，赐金册金印，使顾实汗在青、藏的统治地位合法化。1713年（康熙53年）又册封后藏班禅喇嘛为"班禅额尔德尼"，也赐金册金印。

清雍正初年，清政府平息顾实之孙和硕亲王罗布藏丹津事件后，于1752年（雍正3年），改西宁卫为府，设西宁县、碾伯县和大通卫。并设立钦差总理青海蒙古番子事务大臣，管理蒙古各扎萨克和果洛、玉树

我爱青海

等藏族部落，其前哨设于今茫崖新镇，由驻西宁大臣直辖管理。这项措施为后来青海建省铺平了道路。罗布藏丹津事件后，清廷加强了对青海蒙、藏人民的统治，设蒙古29旗，划定藏族各部落25族牧地，使之互不相属，并不得越渡黄河。咸丰末年，太平天国派人到陕甘联络回民，西北回民反清斗争爆发，撒拉族首领马尕三率众起义，乐都、西宁、大通、贵德、湟源等地纷纷响应，清廷派左宗棠率军镇压了起义。光绪初年，循化撒拉族中伊斯兰教发生新老教派之争，后发展成为撒拉族、回民的反清斗争。1911年，丹噶尔厅组成“黄表会”。这些起义虽被镇压，但这时清廷已气息奄奄了。由于清朝时期征收课税相当严重，青海农牧业生产无大建树，反而明显衰落。

知识小百科

保安古屯田寨堡群

保安古屯田寨堡群包括保安古城、年都乎城堡、郭麻日城堡和吾屯城堡，位于同仁县隆务镇以北8公里的隆务河中游东西两岸台地上，建于明代洪武年间，明万历二年（公园1574年）重新扩建。明万历后，保安四屯在保安堡中军千总王延仪带领下，忠于明朝，守卫此地，并在计屯（年都乎城堡）、吴屯（吾屯城堡）、李屯（郭麻日城堡）、脱屯（保安古城）等四屯筑建城堡，防御“西海蒙古”。明末清初，兵源和粮饷仍出自四寨堡。清代雍正后增设营制，增设都司衙门，在堡内修建兵营、兵房及马房共500间，增募兵骑500余人，形成甘青地区历史上重要的口外重镇和军事阵地，成为明清中央政府在隆务河流域控制各部落的一个政治、军事和文化中心。

第六节 民国时期

辛亥革命后，自 1912 年起，马麒历任西宁总兵、蒙番宣慰使、甘边宁镇守使等官职，马家势力开始深入到青海。直到 1949 年，马氏家族统治了整整 40 年。这一段时间里，马氏家族对青海人民进行的经济榨取、军事镇压、政治迫害等，空前残酷。1915 年，由国民党出面解决了四川隆庆与玉树 25 族之争，决定玉树属西宁总兵管辖。1928 年，国民党进入青海，决定新建青海省，将甘肃省原西宁道属之西宁、大通、乐都、循化、巴燕、丹噶尔、贵德等地划归青海省管辖。1929 年 1 月正式成立青海省，由孙连仲任主席。

青海建省后，行政区划屡有变更，至 1949 年前夕，全省县以上行政区划为 1 市（西宁市）、1 专区（玉树专区）、2 个设治局和 19 个县。当时以马步芳为首的旧政权横征暴敛，征兵扩军，豢养了一支 10 多万人的军队，对人民镇压，先后火烧色航寺，掳掠拉秀寺，焚毁达日江寺；屠杀玉树休马等部落，3 次血洗同仁兰采，7 次血洗果洛，杀害从新疆流离来青的哈萨克族群众 2 万多人。1936 年堵截中国工农红军西路军北上，大量杀害红军。在马氏家族的统治下，青海生产下降，在新中国成立前夕，已经是"工商凋零，民不聊生，田园荒芜，十室九空，草原衰败，人畜不宁"。

1936 年（民国 25 年）蒋介石命令马步芳代理青海省政府主席。1949 年 5 月，全国解放在即，大势已去的国民党政府任命马步芳为西北军政长官。中国人民解放军以排山倒海之势，横扫陇东，解放兰州挺进青海。兰州战役中马步芳"青海兵团"主力数万人被解放军歼灭殆尽，马步芳及其

我爱青海

子马继援等携带数十年来搜刮的金银珠宝，先后乘飞机由西宁仓惶逃往重庆，后又逃到台湾，马氏家族在青海近四十年的统治被彻底推翻。

马步芳

马步芳，甘肃河州（今临夏市）人，早年入宁海军官训练团，结业后任宁海巡防军营附，1921年任宁海边防第十五营营长。1926年随父马麒投西北军。1932年兼青海省政府委员，旋又兼青海南部边区警备司令。1934年起，历任陆军新编第二军军长兼第一〇〇师师长，青海省保安处处长，青海省政府代主席，西北"剿匪"第一路军第五纵队司令。其间曾派兵"围剿"中国工农红军西路军。抗日战争爆发后，任陆军第八十二军军长，派兵参加抗日战争。1938年3月，任青海省政府主席，直至1949年。1949年任西北军政长官公署长官，积极参加反共内战。被中国人民解放军击败后，马步芳逃往台湾，后经埃及到沙特阿拉伯。

第七节　西宁古城的来历

青海省省会西宁取"西陲安宁"之意，是青藏高原的东方门户，地理位置十分重要，古有"西海锁钥"之称。西宁位于青海省东部、湟水谷地，海拔2275米，是全省的政治、经济、文化、交通中心。在汉武帝以前，西宁一带是羌人的游牧地。骠骑将军霍去病于公元前121年（汉元狩二年）出兵居延，击败匈奴，占据今甘肃河西走廊，军威震及湟水流域。公元前111年（汉元鼎六年），汉朝军队再次进击羌人，深入湟水流域，羌人退据青海湖地区。汉军便修筑了军事据点西平亭，这是西宁在历史上最早之建筑。东汉建安年间，正式设西平郡，郡治即为西都县城，而西都县城即为西宁。从此，西宁成为了青海东部政治、经济、文化的中心。公元222年，曹魏黄初三年，在西平亭旧址上修筑西平郡城垣。城分南、西、北三城，颇具规模。之后虽然屡易郡州名，但西宁一直为边塞要镇。

∧ 西宁古城门——拱辰门

东晋时，鲜卑秃发氏在青海境内建立南凉小王朝，一度以西宁为都城。北宋时期，藏族首领唃厮啰在青海东部建立宗喀地方政权，也以西宁市为都城，称之为青唐城。根据史料记载，当时的青唐城是中西贸易的重要集散地，经济十分繁荣。1104年（宋崇宁三年），北宋军队攻略河湟，消灭了宗喀地方政权，以青唐城为中心设西宁州。这是"西宁"一词出现之始，至今也有近890年历史了。

明代在西宁设西宁卫，清代为西宁府、西宁县。

西宁古城曾多次修葺城池，城墙以土、砖筑成，所以老百姓形象地称之为"砖包城"。现在能见到的故城墙便是明朝时所筑的。1929年青海建省，以西宁为省会。1946年改为西宁市。1949年9月5日，西宁解放，从此焕发出青春的光彩，日益繁华。

知识小百科

红旗飘扬西宁古城

1949年初，人民解放军取得了辽沈、淮海、平津三大战役的胜利，国民党反动派在全国的统治土崩瓦解。8月，人民解放军西北野战军在彭德怀司令员的指挥下，迅速形成了对兰州的三面包围，驻守西北的军阀马步芳企图凭险固守。22日，河州解放，人民解放军的兵锋直指青海，马步芳军队军心大乱，他的所谓"兰州会战"计划被打乱。24日，马步芳吩咐他的儿子马继援带兵退守青海，自己乘飞机返回西宁。26日，兰州解放，马步芳3万余人的精锐部队全部被歼灭。27日，马步芳携带家属乘飞机飞往重庆。30日，马继援收集残部逃回西宁，9月1日匆忙逃离青海。人民解放军大兵压境，马步芳家族经营了几十年的武装力量如惊弓之鸟，溃散的溃散、投降的投降。

青海的历史

人民解放军第一野战军一兵团，在王震将军的率领下，从8月27日到9月4日，先后解放了青海循化、化隆、民和等县。9月5日，在第三军解放乐都县的同时，第一军先遣骑兵侦察队600人抵达西宁。6日，第一军二师五团在副军长兼二师师长王尚荣率领下，举行了声势浩大的入城式，从此红旗插上了西宁古城。

第四章

耀眼名人录

　　无弋爰剑对青海羌人社会的全面发展起了巨大的作用，后来子孙遍布西部地区。无弋爰剑是羌藏民族历史上的伟人，他的功绩可以和松赞干布相媲美，是一个被人们普遍肯定的历史人物，也是青海历史上最早的著名人物。

穆如懷清風

澹然養浩氣

乙巳秋日蘭山朱克敏

<（清代教育家）朱克敏手迹

第一节　最早的青海人无弋爰剑

　　无弋爰剑（公元前504—？）战国初期羌人首领，出生在青海锡支河首，羌族。被秦虏为奴隶，后逃至黄河与湟水之间，被羌人推为首领。他传授给羌人耕种和畜牧知识，促进了生产的发展。羌人称奴隶为"无弋"，首领称"爰剑"，故称无弋爰剑。他的子孙后来自成部落，分别进入甘青各地，其中数支南入白龙江流域，成为甘青及迭部境内羌族的重要组成部分。

　　无弋爰剑生活的年代，是秦国与羌人激烈争夺西北陕甘地区的阶段。在战争中，秦厉共公俘虏了可能是首领的无弋爰剑。在秦国无弋爰剑参加了许多社会实践劳动，掌握了中原先进的种植技术。但是，长期的阶下囚生活并未消磨去他的英雄气节。于是，他乘机逃出来。秦王派兵追捕，在逃亡的过程中，无弋爰剑钻到一个山洞里藏了起来。秦兵就包围了山，并放火烧山。但是，火中出现了一个形似老虎的怪物，无弋爰剑神奇地活下来了（后来，羌人的图腾就是虎齿豹尾）。在逃亡的路上，无弋爰剑遇到了一名被割掉鼻子的女人（也许是奴隶），两人便结为夫妻，共同向西逃亡。这位女子嫌脸面丑陋，就把头发梳成各种小辫，放下头发来遮住面孔。所以，后来羌人也沿袭了披散长发的习俗。

　　远古时期的河湟地区"少五谷，多禽兽"，这里的土著居民还过着狩猎生活，过多的猎物不会圈养，种植技术也不是很高。在这里，无弋爰剑便将学到的种植和养殖技术传授给大家，让大家种五谷，养六畜，使河湟地区开始有了真正的农牧业生产。从此，这一带的羌人由原始狩猎生活逐渐发展到了农耕和畜牧。由于无弋爱剑对发展河湟地区的农牧业生产有巨大贡献，所以人们对他很敬仰，"庐落种人依之者日益众"。无弋爱剑就成了青海羌人的总首领，不仅如此，他的后人也"世世为豪"。

无弋爱剑对青海羌人社会的全面发展起了巨大的作用，后来子孙遍布西部地区。无弋爱剑是羌藏民族历史上的伟人，他的功绩可以和松赞干布相媲美，是一个被人们普遍肯定的历史人物，也是青海历史上最早的著名人物。

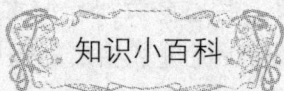

知识小百科

寻觅羌族远去的踪影

古羌人是青海、甘肃地区的土著先民，大量考古学文化遗存与文献记载对此相互有印证。

诺木洪搭里他里哈遗址中发现有牛皮制成的鞋和用牦牛毛纺成的毛线和毛绳以及毛带（其间夹有少量的牦牛毛）。这些遗物的发现，不仅反映了当时的古羌人已经能够驯养牦牛，而且还能够将牦牛皮和牦牛毛加工成生活用品。由此可见其畜牧

< 古羌人使用过的工具

业之发达。搭里他里哈遗址中发现一件陶牦牛，两角和尾部稍残，背部呈波浪形，腹部的长毛及地，显露出牦牛的形象。这些资料都进一步说明了牦牛在古羌人的畜牧业生产中是占有举足轻重的地位的，是衣食住行中不可或缺的生活资料来源。

遗址中出土的一件骨笛，残长 8 厘米，上面穿有直径 0.4 厘米的孔 4 个，孔距为 1.2、1.3 和 2.7 厘米。这种骨笛在西宁市西部朱家寨遗址的卡约文化墓葬中也出土过一件，从打击乐的石磬到吹奏乐的陶埙；再从吹奏乐的陶埙到管乐的骨笛，都有力地说明西部高原羌人舞乐活动是极为丰富的。无论是陶盆、陶鼓还是陶埙、骨笛，都抒发着先民们的感情和思绪，鼓舞着先民们战胜自然的信心，从而发挥出它们特有的社会功能。

第二节　屯田名将赵充国

赵充国（前 137—前 52 年），字翁孙，汉族，原为陇西上邽（今甘肃省天水市）人，后移居湟中（今青海西宁地区），西汉时期著名军事将领。

赵充国自幼善骑射，熟读兵书，熟悉匈奴和羌族的情况。从军之后，英勇善战，屡立战功。汉武帝时，任后将军。宣帝即位，封营平侯。他的历史贡献最为突出的是通过"寓兵于农，屯田戍边"，以"非战"的方式解决民族矛盾，维护边疆的稳定。同时，赵充国的屯田之策对边疆地区农业生产的发展和各民族的修养生息也起到了积极作用。

赵充国屯田戍边战略思想的形成，发源于西汉王朝对大宛、匈奴和羌族的反击。汉武帝太初元年（公元前 104 年），赵充国随浚稽将军赵破奴出朔方西北二千余里，参加了配合李广利伐寇、阻击匈奴的军事行动。汉

<西汉名将赵充国

武帝天汉二年（公元前99年），赵充国随李广利出征天山，与匈奴作战。赵充国英勇作战，汉武帝十分赞赏，拜为近侍官长中郎将。

赵充国是一位能骑善射、骁勇多谋的军事家，在当时屯田政策上做出了卓越贡献。他为人沉着勇敢，有远见深谋，少年时，就边学兵法，边研究军事。公元前119年，随着武帝取得了第三次大举征讨匈奴的胜利，即移民七十万口，以加强北方边防，在东起朔方，西至今居（今永登县）的地区内，设团官，供给移民牛犁谷种，变牧场为农业区。

赵充国善于治军，爱护士兵，行必有备，止必坚营，战必先谋，稳扎稳打。在平叛战事中，他坚决采取招抚与打击相结合、分化瓦解、集中打击顽固者的方针，能和平解决的，决不诉诸武力，这完全符合孙子兵法"百战百胜非善之善者也；不战而屈人之兵，善之善者也"。尤为难能可贵的是，

当时他的主张受到朝廷大臣和宣帝的一致反对，但他无所畏惧，反复上书说明这一方针的正确性和必要性，终于为宣帝和大多数朝臣所接受。其次，他的留兵屯田之策确为深谋远虑之议，不仅在当时具有战略意义，而且对后世亦有深远影响，因此他不仅是一代名将，而且是享有盛誉的军事家。

赵充国一生的主要功绩集中表现在晚年，73岁时，主动领兵出征，79岁凯旋回京。以如此之老龄，顶风冒寒，坚守边境，这在中外战争史上是极其罕见的。也许与此有关，他在征战中过分强调"穷寇勿迫"，因而曾放弃痛歼先零羌的战机，从临时指挥的角度讲，显然是教条主义，但他仍然是资高历深的将军，所以退休之后朝廷每遇边防大事便请他参加谋划。去世后，宣帝以他功高盖世，在未央宫中画了像，供人瞻拜、纪念，成帝刘骜继位后，又命黄门侍郎杨雄在画像旁题诗赞扬。

第三节　武进士李光先、孟绍绪、祁仲豸

一、李光先

"据《西宁府新志》记载，李光先是青海历史上第一位武进士，在明朝万历十一年考取了功名，是"碾伯土人"任锦衣卫使。李光先是青海省著名李土司家族中的一员。李土司是本地土族，他们的祖先是李南哥，元朝时曾任西宁州同知。1371年，李南哥率部族归附明朝，封为世袭的西宁卫指挥。在这样的一个世袭家族中，李光先继承了先辈习武的传统，苦练

武功，骑马、摔跤样样在行，逐渐练就了一身武艺。明朝万历十一年，李光先考中武进士，成为了青海历史上第一位武进士。

翻阅大量的青海地方文史资料，关于青海武进士的文字记载非常少，每个人只有寥寥几字，对李光先的描述也只有"碾伯土人""锦衣卫使"8个字，他的生平事迹都没有涉及。但是，从"锦衣卫使"中我们可以看到，他的地位不一般。

明洪武十五年（1382年），朱元璋设立了锦衣卫这个机构。作为皇帝侍卫军事机构的它掌管刑狱，有巡察缉捕之权，从事侦察、逮捕、审问活动，且不经司法部门。在这样的一个权力机构中，李光先的地位可见一斑。

二、孟绍绪

在青海历史上，孟绍绪是一位具有传奇色彩的人物，他两次连中武进士，任三等侍卫、候补守备等职。然而，关于他们的文献资料很少，对于研究青海地方史的人来说是一大遗憾。三等侍卫就是皇帝的普通保镖，侍卫是清朝时期的官名，有御前侍卫、乾清门侍卫、一等侍卫、二等侍卫、三等侍卫、蓝翎侍卫等，掌宿卫扈从，更番轮值。孟绍绪第二次取得武进士功名后，任候补守备。守备是清朝时期的武官名，节制本区各卫所，是重要的军职。

三、祁仲豸

祁仲豸是清朝康熙年间的"碾伯土人"，是乙酉科武举，任金华协副将。

祁仲豸是青海历史上著名祁土司家族中的成员，他的先祖祁秉忠在万历末年任凉州副总兵，后来擢为甘肃总兵官，并以功加太子少保。据老人讲祁土司原先居住在青海西宁市城北区朝阳地区，后迁往平安县。清初时管辖有十数万人口的祁土司，到清末仅辖有700余户。到清末民初，原来的十多家土族土司只剩下8家了。平安县西南部三合镇是"祁土司文化地"。土司制度是元、明、清时期在西北、西南少数民族地区分封各族首领的世袭官职。

土官初为武职，后逐渐演变为土司，设立衙门，成为特许封地的行政统治机构，在维护封建地方政权中发挥过重要作用。祁仲豸在这样的家族中，自然接受了传统，练习武术，汲取各家武术门派之长。最终，他进入殿试，取得武进士功名。

第四节　开创编史修志先河的刘敏宽

刘敏宽，生卒年不详，字伯功，山西安邑（今山西运城）人。万历五年（1577年）进士，万历四十三年（1615年）由延绥巡抚升任陕西三边总督，兵部右侍郎兼右佥都御史，开府固原（今宁夏固原市），节制延绥、宁夏、甘州和固原四大军镇兵马和统一指挥西北各战区的战守军务。所至认真讲求战备，先后奏捷三十余次，加少保。万历四十五年四月初六致仕。

明朝万历年间以前，由于军备所需，甘肃地区所需生熟铁都由陕西及内地各省供应，往青海远途运铁，不仅劳民伤财，而且还不能满足及时所需。到1596年（明神宗万历二十四年）明都御史、甘肃巡抚田乐，命令西宁兵备副使刘敏宽，就地开矿设厂炼铁。刘敏宽经勘查，最后决定在西宁北山（今青海省互助县五峰山）开矿，调400名士兵建筑铁厂，由卢忠为总炼铁厂负责人。

第二年，建成炼铁炉两座，每月每炉出铁两次，得生铁约3000斤。

刘敏宽炼铁，就地取材，不仅节省了运费，减轻了政府财政负担，而且又减少了老百姓的差役之苦，同时还及时供给军备需要，因而备受时人赞扬。

明万历二十三年西宁兵备道刘敏宽与同知龙膺纂修的《西宁卫志》，开创了青海地区现存编史修志的先河。它对了解青海西宁地区方志源流，考证明代青海史事诸方面，有着重要的参考价值。清代杨应琚编修之《西宁府新志》是在《西宁卫志》的基础上续补成书的。

第五节　克己奉公的严宜

严宜(1757—1821年)清代官吏。字克训，号可亭。西宁府（今青海西宁）人。高宗乾隆四十六年（1781年）进士，放任贵州都匀县知县，途中改任桐梓县，旋改调筑县。在任期间兴办教育，关心民间疾苦，维持地方治安，均有成绩。叙功升任永丰州知州。五十四年，调任思南府知府。同年因父去世去任返家。仁宗嘉庆元年（1796年）赴京，任直隶长芦、蓟水盐运使。在任十余年，廉洁不贪。十五年辞官回乡，开设私塾讲学。二十五年，官府向百姓摊买粮食，百姓不堪其苦。严宜3次上书官府，终于废除摊买令。道光元年冬去世。严宜当年生活在今天西宁市城北区寺台子一带，在清朝乾隆三十九年考取了举人。获得这一功名后，他依然孜孜以求。7年后，他千里迢迢赴京赶考，终于殿试成功，考取进士功名。

严宜在云贵一带任知县、知州多年。后来调伍盐运,掌管长卢盐区蓟水分司的盐运事务。长卢盐区管辖着自山海关至黄骅县的各盐场,而蓟水分司的盐运河道,从天津蓟县到北塘入渤海,全长300公里。那时盐政衙门贪污成风,可严宜坚决不受贿。后来案发,只有他一人没有涉入案中。严宜的廉洁公正受到了百姓的拥戴,也得到了上司的肯定。

翻阅《西宁府续志》中有关严宜的相关记载时,发现了一些他的逸事。他不仅清正廉明,而且在为官路上还富有传奇色彩。

严宜任桐梓县知县时,看到山贼梁之贤聚集数百人,依据河水之险,时常抢夺附近的居民。于是,他带领众人,攻破山贼的老窝,擒获了梁之贤,将他们绳之以法。由于这一事件,严宜被调往贵州筑县任知县。后来,有一些毛贼,从云南地区进入了贵州境内,藏在山中,打家劫舍。严宜知晓后,召集周边村民,带领官兵出其不意,将那些毛贼团团围住,切断他们的水源和粮食。时间不长,毛贼们只好束手就擒。从此以后,这一带的百姓过上了安居乐业的生活。

被人称为与著名理学家陆陇其齐名的严宜,对程朱理学很有研究,并且有很多著述。但是,他的诗作大部分都遗失了。他现存的诗作多属于赠答内容,形式上多为七律和五古。严宜的诗歌笔调灵动,多有精练深沉的警句。

第六节　清末大通训导朱克敏

朱克敏(1792—1873年),字时轩,号凤林山樵、游华山人,甘肃皋兰人,1857年—1861年间曾任大通县训导(主管一县教育的副职),对这一地区的教育事业颇多贡献。

∧ 朱克敏书法作品

朱克敏为人坦荡磊落，且能诗善画，工于书法。道光七年（1827年），他到西安参加乡试，时任陕西布政使的林则徐对他的"文艺颇佳，兼工隶书"大为赞赏，并引为知己。道光八年（1828年），他选取为优贡生，之后却屡试不第，他便恬淡自适，以教书和卖字鬻画为生，先后应聘主讲陕西蓝田玉山、乌龙等书院。进士姚元之称赞朱克敏的人品学识："云山供养门庭敞，文史风流地位清。"

道光二十六年（1846年），朱克敏与林则徐再次相遇，林称赞朱"神采奕奕，笔法与年俱进"，"陕甘上下垂青"，并鼓励他报效国家。在林则徐的影响下，朱克敏毅然来大通主办教育。

当时，大通文化教育落后，农牧民子弟大多无条件上学读书。朱克敏到任伊始，便着手考校所属生员，严格要求完成学业；同时整顿全县各地义学，动员贫寒家庭子弟入学读书，并亲自主讲设在县城东关的大雅书院。在教学实践中，他深感当时作为教材的儒家典籍卷帙浩繁，不便于儿童学习，便删繁就简，编写了《训蒙简要》《赋律入门法》等启蒙读本，深入浅出地教育学生。

第七节　授业育人的来维礼

来维礼（1853—1904年）清代地方名士。字敬舆，一字心耕。号辰生，又号椒园。青海西宁人。德宗光绪五年（1879年）中举。九年，中进士，授户部主事。不久请假回乡赡养老母，并在西宁五峰书院讲学。二十一年，河湟回民起义时被董福祥聘为赞襄戎幕。事后被荐为山西候补道员，在晋威马步全军营务处供职。八国联军入侵时弃官回家，一直在五峰书院从事地方文化教育事业。其间应西宁府知府邓承伟之聘，参与编修《西宁府续志》。擅长写诗，其中吟咏青海山川风光之作尤佳。著有《双鱼草堂诗集》、《治家琐言》等。

青海名儒来维礼 >

河湟地区的历史文化名人中，来维礼比较具有代表性。他热衷科举，认为一旦取得功名，便能"广厦庇寒士"。但是，经历了岁月的风风雨雨后，他最终致力于青海的文化教育，授业育人，桃李满园。

来维礼青少年时刻苦勤奋，把取得功名和报效祖国联系在一起。在他的一些早期诗歌创作中，这种志向就明显地表现了出来。他觉得科举得中，进入仕途，就能实现"广厦庇寒士"的目标。在这种人生理想的指引下，来维礼和众多的文人一样，头悬梁、锥刺股，刻苦攻读。

命运之神往往不会轻易眷顾一个人，对来维礼来说也一样。为了取得功名，他经历了种种失败。当时，在私塾和湟中书院，来维礼学习多年，先后受到了多位饱读经书教师的指点，最后完成了乡试阶段的学业。在他18岁时，第一次参加了乡试，没有考中。33岁时，他再次参加乡试，还是没有考中。两次乡试未中，让来维礼品尝到了求取功名路上的艰辛。然而，这并没有打击他的积极性，反而坚定了信念，从那时开始，他加倍苦读。光绪五年（1879年），42岁的来维礼终于考中举人，而且他是当时参加乡试的青海人中唯一中举的。然而，来维礼并没有满足，在中举后依然孜孜不倦。46岁时，来维礼最终取得进士功名。通过这次考试，他的才华得到了充分展现，让阅卷者大加赞赏。从此以后，来维礼踏上仕途，开始了自己的抱负。

《西宁府续志》是一部珍贵的文献资料，对研究青海的地方历史文化有着巨大的意义，《西宁府续志》的初稿就有来维礼的心血。当时西宁府知府邓承伟邀请当地著名文人来维礼、杨方柯、莫自恕等人编修《西宁府续志》，来维礼担当了主笔。历来修志多半是地方官员的工作，而来维礼当时没有任何职务，却被知府任命为修志的主要人员。以此可见，来维礼在当时声望极高。来维礼根据自己的学识，与同仁通力合作，不顾劳苦，四处走访、追根溯源。经过辛勤的付出，从乾隆十三年到光绪四年，上下140年的史稿终于出炉了。书稿共分为九卷，分地理志、建置志、田赋志、武备志、官师志、纲领志等，洋洋大观。

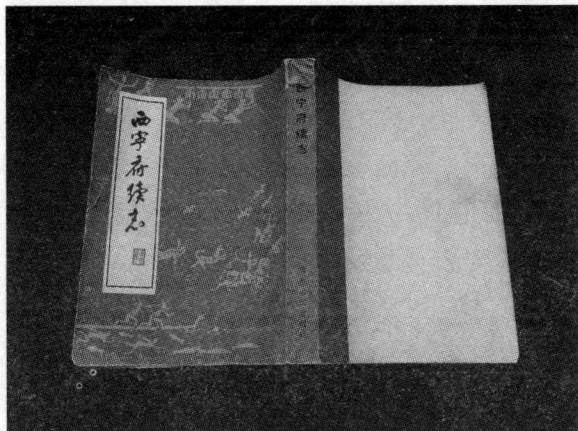

《西宁府续志》>

　　来维礼取得进士功名后，签分为户部主事。在任不久，因为思念母亲，便请假回乡奉养。回到青海后，他在西宁最高学府五峰书院任教。在此期间，由于他在同治年间曾经在西宁办过团练，所以被聘为军幕。在这段时间里，他所到之处，每有题咏，多有佳篇。当他游览五峰寺后，留下了"泉深或藏龙，石怪如蹲虎。秀拔独一峰，巨灵运斤斧。群山蜿蜒来，曲折不可数。"的诗句。

　　在来维礼的诗作中，特别值得注意的是唐代三百年兴衰史为内容的叙事长诗《长字故宫行》。这首诗是诗人目睹西安唐代故宫"凝碧荒池都寂寞，沉香亭古尚玲珑"的景象有感而作的。诗叙事与抒情相交融，起伏波澜，缠绵悱恻，感情跌宕，有很强的艺术感染力。来氏一生供职北京，为官三晋，驻军蓟燕，教书西宁，足迹半天下，所到之处，多有题咏，存诗232首，词二阙，辑为《双鱼草堂诗集》。

　　来维礼在母亲去世后又进京，被分到山西候补。他从西宁出发取道甘肃、宁夏经张家口到北京，一路行去有感而发。在《阿挪道中》中写道"原野萧条极，无林鸟不栖。洒来幽燕北，雪绕大荒西。烹茗烧牛粪，寻途认马蹄。遥瞻千里外，平地与天齐。"诗深沉含蓄，笔力矫健，展示了广阔的边地风光。

来维礼到山西后，任晋威步全营务处，后来又受命带领 200 名豫军驻守河北省迁安县境内的喜峰口要塞。八国联军侵入北京，来维礼弃官回到了西宁，在五峰书院任教，一直从事教育事业。他"爱才心殷，鼓励后进，不遗余力"，西宁近代文化名人李焕章、基生兰、祁中道等都曾受业于他门下，所以后人赞誉他是"满城桃李仰春风""所培桃李皆成围"。来维礼为青海教育辛勤耕耘，硕果累累。

第五章

民族精髓　美不胜收

　　在湟中鲁沙尔镇金塔路，银铜器加工作坊随处可见，流光溢彩的银铜制品摆满了橱窗，"叮叮当当"的敲打声不绝于耳。一些埋头干活的匠人，目不转睛地盯着手中的活计，用灵巧的手在银铜料上雕刻着、敲打着。看那银壶上精美的花纹，每个人都有自己的绝技。

∧ 青海"花儿会"

第一节　民间习俗

一、花儿会

　　"花儿"是产生于青海，流行于青海、甘肃、宁夏地区的一种山歌型情歌，也是一种多民族的民歌，多是在田间劳动、山中放牧、赶车上路即兴顺口编唱。由于是情歌，某些年龄和场合是禁唱的。从某种意义上说，唱"花儿"是有季节性的。传统的花儿会，也多集中在秋收之前的农历四、五、六这几个月里。以其为主流已形成了群众性的文化娱乐活动的节日。

　　青海是花儿的故乡，河湟花儿是西北花儿的精魂，最美的花儿是用三江最纯净的源头之水浇灌的圣洁之花。居住在这里的汉、藏、回、土、撒拉等各族群众，无论在田间耕作，山野放牧，外出打工或路途赶车，只要

青海河湟"花儿会" >

　　　　　　　　　　　　　　　　　民族精髓　美不胜收

有闲暇时间，都要漫上几句悠扬的"花儿"。可以说，人人都有一副唱"花儿"、漫"少年"的金嗓子。青海农民唱起"花儿"，村里的张秀花、王富贵们就会泪水涟涟。花儿对青海人来说像每天的饮食一样普通。

花儿又名少年，唱词浩繁，文学艺术价值较高，被人们称为西北之魂。花儿发源于临夏，由于流行的地区不同，加之在发展过程中受到西北各民族文化的影响，因此形成不同的流派和艺术风格，六盘山花儿就是其中的一种。回族群众喜爱花儿，是花儿的创造者、演唱者、继承者和传播者。花儿是心头肉，不唱由不得自家，可见回族对花儿的喜爱程度。流行于固原地区的花儿主要有两类：河州花儿和山花儿（俗称干花儿）。河州花儿委婉动听，基本调式和旋律有数十种，变体甚多。形式上有慢调和快调。慢调多为4/4或6/8拍，唱起来高亢、悠长，曲首曲间和句间多用衬句拖腔，旋律起伏大，上行多用四度调进，高音区多用假声。快调多为2/4或3/8拍，相对紧凑短小。河州花儿多为五声徵调，在文学上自成体系。一般每首词由四句组成，前两句常用比兴，后两句切题。字数上单双交错，奇偶相间，不像一般民歌那么规整，故更加自由畅快。但是，固原回族多唱山花儿。山花儿在旋律上起伏较小，较多地应用五声羽调和角调，衬词衬句使用较少，段尾或句末用上滑音。在文学上除具有河州花儿的一些特征外，还派生出一些变体，有时也采用信天游或一般民谣体。演唱形式有自唱式和问答式。曲目无令之称，属抒情短歌。花儿音乐高亢、悠长、爽朗，民族风格和地方特色鲜明。不仅有绚丽多彩的音乐形象，而且有丰富的文学内容。

二、纳顿节

纳顿节是土族人民最重要的文化娱乐盛会，也是他们访亲探友，相互交流生产、生活经验，学习和传播新思想、新知识的大好时机。对于情窦初开的青年男女而言，纳顿则成为他们寻觅知音的天赐良缘。

土族纳顿节 >

　　一年一度的纳顿是以各个村社为主体的群体活动。可由一村单独举行，亦有两村联合举行，直至农历九月十五止，由东向西，最后回到中心地区而结束，最为常见的是两村联合，一村充当"主人"，而另一村为客，两村男性排成长列，扛着各色彩旗，敲锣打鼓，高呼"大好！"在主方村外麦场上会合，是最热烈最令人激动的时刻：几十面大鼓被擂得震天响，伴随着沉稳有力的鼓声，会手们闪腾跳跃，在粗犷的高呼声衬托下，表现出健与美的雄姿。队伍一到麦场，拉开了纳顿的序幕。会手舞首先开始了，这是由四五十人参加的大型舞蹈。老幼按顺序排列，舞在最前面的是身着长衫，手执扇子的老人，他们往往是纳顿的组织者和纳顿舞蹈的传人。别看他们年过花甲，银须垂胸，可跳起舞来，却还是那么从容自如，步履强健。手持各色彩旗的年轻人和拿着柳条的孩子们依次跟在后面，他们摆动身子，左腾右挪，绕场而舞。舞蹈的动作虽然不太复杂，但整齐的舞步，谐调的跃动，伴随着有节奏的鼓锣声，显得十分优美。在舞蹈的同时，主方不停地用大海碗给会手们敬酒，以此助兴，人们在舞蹈中陶醉了，喜庆和欢乐的高潮一浪高过一浪。热闹的纳顿自然也成为访亲拜友的好时机。一大早即可看见男女老少，打扮一新，车马大军，浩浩荡荡行进在乡间路上。各村外的麦场上，彩旗招展，锣鼓喧天，人声鼎沸，呈现出一派丰收后的欢乐景象。

三、庆寿诞

旧时习俗，男子50岁生日谓之"五十大寿"，但如果父母健在，则不能做寿。对于"六十大寿"比较重视，认为"人生六十花甲子"，按青海汉族旧俗，以为是"一圈儿转圆了"，故要隆重庆祝一番。但庆寿又忌讳"本命年"，故在59岁的生日那天，提前过六十大寿。祝寿时亲友们一般送来寿桃（用面蒸成桃形馍）9个、寿面（用红纸打一箍）4把、寿酒两瓶为贺。女儿女婿则除上述礼物外，还要加送寿幛、衣料、鞋帽等，以示尊敬。

渔中县多巴村一带寿仪的进行是在拜寿时院中点燃松篷，鸣放鞭炮，由"寿星"的舅父或姑表兄弟给"寿星"披红（用1丈8尺红绸，结成绣球，斜披于肩上），然后先由"寿星"本人给祖先、父母牌位行跪拜礼，以谢养育之恩，次向长辈行礼以谢关怀之意。最后接受晚辈的叩拜。叩拜以后，要点燃"寿灯"。所谓"寿灯"就是从寺庙中借来给神佛供桌上点燃的陶质或铜质灯儿，按36洞天，72福地，共108盏灯之数摆在一张圆桌上。此外，在天地中央，亦即圆心部位放一盏大铜灯，谓之"本命灯"。"本命灯"由"寿星爷"亲自点燃，其余由亲友及家中诸人点燃，所点燃的灯，以看谁点的灯结的灯花最大，照的时间最长为佳。点寿灯后，入席饮酒，给"寿星爷"要敬八杯酒，取八福长寿之意。

四、纸上西宁——唱婚娶

旧时河湟地区，许多爱好曲艺的汉族家庭在举行婚嫁迎娶大礼时，都要邀请曲艺艺人在家中演唱助兴，相沿成俗。与婚俗相应，男方家谓之唱"恭喜"，女方家谓之唱"装箱"。这种风俗被称为唱婚娶。

届时，双方家庭会约请数位青海平弦、青海越弦或西宁贤孝艺人前来演出。一为增加喜庆气氛，二为对新人进行祝福和劝喻。如祈求婚后幸福美满、白头偕老、早生贵子等。通常男方自"恭喜"之日起，连续数天设筵待客，家道殷实者因而要求连续演唱数日，女方家则仅在"装箱"当日至晚间演唱。

　　一般说来，男女双方家中须在行大礼前两三日约请曲艺艺人，待对方应诺后，艺人们自带乐器家什，准时而至。由负责接待的"值客"设宴招待艺人。夏日多在屋檐凉爽处，冬日则让至主人客房，摆上全盘酒席，值客频频斟酒让菜，艺人们一般仅仅浅酌。然后开始演出。

　　如是唱"恭喜"，青海平弦和青海越弦艺人大多演唱《王相爷搬窑》《千里送京娘》《夜坐曹府》《穆桂英求情》《南唐度药》《西湖相会》《状元祭塔》《压发》《惠明下书》《拷红》《尼姑下山》短小曲目；如是唱"装箱"，除演唱以上青海平弦曲目外，若被邀请的有西宁贤孝艺人，则还演唱《姑娘装箱》《双官诰》《状元祭塔》《九子登朝》《小姑贤》等曲目。

　　每当至晚客散，无论男方女方，家中"值客"人等收拾完桌椅杯盘，这时会为主家及其部分亲戚朋友再行演唱。并据主人的家庭环境和艺人情绪，在男方家可演唱《皇姑出家》《玉堂春》《宫门挂带》及《送情郎》《盼情郎》《凤阳士人》《昨夜晚上灯花爆》等青海平弦曲目。在女方家也可

青海平弦 >

民族精髓　美不胜收

演唱《十劝人心》《花儿表古人》《香山寺还愿》等西宁贤孝曲目。有时主人家亲朋也点曲目演唱，艺人们一般都能满足主人要求。其中西宁贤孝艺人多为靠行艺谋生的盲艺人，会接受微薄的赆仪，明目艺人则分文不取。

这期间如主人家房舍宽敞则留艺人夜宿，第二日继续演唱；若有不便，则由"值客"送返各家，次日再行接请。

第二节　民间文学与艺术

一、青海湖的神话传说

青海湖是一个美丽、神奇的湖，很多神话传说给它蒙上了一层浓浓的神秘色彩。关于青海湖的形成有一个美丽的爱情传说：1000 多年前，唐蕃

< 青海湖

我爱青海

联姻，文成公主远嫁吐蕃王松赞干布。临行前，唐王赐给她能够照出家乡景象的日月宝镜。途中，公主思念起家乡，便拿出日月宝镜，果然看见了久违的家乡长安。她泪如泉涌。然而，公主突然记起了自己的使命，便毅然决然地将日月宝镜扔出手去，没想到那宝镜落地时闪出一道金光，变成了青海湖。

然而，当地的汉、藏、蒙古族又给出了不同的说法。

1. 神井（藏族传说）

在遥远的古代，如今的青海湖底，还是一片茫茫草原，天然牧场。远处丘陵起伏，到处水草茂盛，牛羊咩咩，牧歌声声。这里，还有一口奇异的神井，淙淙甜水，流成一条清湛湛的小溪，无论是旱年或者涝季，井水既不会干涸，也不会泛滥成灾。牧民就在这里居住，靠着肥沃的草原和神井，饲养牲畜，过着衣食无愁的平安日子。

后来，这里出生了一个大智者，名白马江乃。他住在神井边上，一面刻苦地做学问和修行，一面给往来行旅布施神井的水。行路人喝上这水，立刻解渴生津，精神倍增。

不久，白马江乃为了修行深造，决心到加嘎尔（印度）去求法。行前，嘱咐他的徒弟说："我走后，你要继续给往来行人施水，一定要盖好井盖。"只是他忘了把不盖好井盖的利害告诉他的徒弟。

白马江乃西行求法走后，徒弟按照他的叮嘱，继续每天施水。一天傍晚，徒弟施罢水，忘了盖上井盖。睡到半夜，被水淹醒了。朦胧中还没来得及抓住井盖，水就把他冲走了。水继续从井中汹涌而出，冲啊，冲走了田舍房屋，冲走了一群群牛羊，冲走了世世代代在这里安居的人民。这里变成了汪洋大海。

白马江乃当时刚走到西藏的西南边界，忽然觉得心惊肉跳，他预感到一定是神井溢水成灾了。于是不假思索，随手在脚下抓起一座山，口中念念有词，这座山一下子飞到海面上，端端地落在井口上，压住了喷涌的大水。

　　　　　　　　　　　　　　民族精髓　美不胜收

当时，在如今青海湖西的一个山洞中，住着一个千年熊精，名叫者摩。他一见海水淹没村庄和人畜，正在幸灾乐祸，梦想洪水滔天，天下大乱，他好乘机一方称霸。没料想到，井口被从天上来的山堵住了。他想，这一定是白马江乃干的，别人是没有这么大的法力的。嫉妒之心，把他引出山洞，钻进水里，拼上全身的力气，掀开了大山，往水里一推。水又汹涌澎湃，浊浪奔腾，溢个不住。这座被推进水中的山，就是现在的海心山。

白马江乃在途中感到海水仍在不断地涌溢，心中纳闷，但救地方要紧，他又抓起了两座小山，用法力祭起，飞来压住了井口。但不久又被熊精掀掉了。白马江乃无可奈何，只得放弃了深造的愿望，赶回湖畔，驱逐了熊精，止住了井水喷涌。这两个被第二次掀掉的小山，就是现在的海心西山和鸟岛。

你若不信，有机会你去旅行时看看，现在中国西南部西藏边境上的一条山脉，中间就有三个大豁口，那里的土质、颜色，和海心山没有两样。

2. 神泉（汉族传说）

很早很早以前，青海湖只是一口神泉。孙悟空出世后，偷吃了蟠桃，偷喝了仙酒，大闹了天宫，惹得玉皇老儿大发雷霆，派出了所有的天兵天将捉拿他，谁知都不是他的对手，直打得四大金刚求饶，二十八宿逃命，九天玄女喊娘，王母娘娘叫爹。玉皇惊慌失措，慌忙派二郎神杨戬去抵挡。谁知这个二郎神也不是对手，被孙猴子一顿金箍棒打得抱头鼠窜，无处躲藏，只好逃往凡间，想找个僻静处，先缓一口气再说。

二郎神逃到昆仑山下，觉得此处僻静，还有一眼泉。这时，他人困马乏，又渴又饿，急忙叫跟随的童子，取下随身所带的罗锅，在泉中取水造饭。自己拾了三块白石头，支起了个"三石一顶锅"。哪知童子从神泉中取了水，却忘了盖上盖，等他把锅刚架到三块石上，把盐下到锅里，泉水已溢成了汪洋大海，淹没了附近的村庄人畜。

二郎神正想打个盹，却被这漫天洪水惊醒，急忙中没有了主意，慌慌张张在如今的柴达木地方，胡乱抓了一座山，压在神泉口上，这就是现在

青海湖中的海心山。当时二郎神因为心慌意乱，抓山时抓得深了一些，抓成了坑，所以现在柴达木成了盆地。

孙悟空打来打去，不见杨戬二郎，他用火眼金睛往四下里一瞅，看见二郎神躲在昆仑山脚烧火造饭。本来不想同这个手下败将再打了，可是一看二郎神那副神情疲乏的狼狈相，又想和他再开个玩笑。于是，打了一个筋斗，来到昆仑山，悄悄躲在二郎神的背后，突然高声喊道："你在这里准备午餐，为啥不请请我老孙？"二郎神一听背后响起了孙大圣的声音，头皮一麻，慌不择路，一脚踢翻了锅，倒了汤水，领着童子急急逃命。

那支了锅的三块白石头，就是现在的海心西山。锅中倒出的水，因为已下了盐，所以，至今湖水是咸的。这还不说，孙悟空在后面紧紧追赶逃命的二郎神，他举起金箍棒一捅，"哗啦"一声，二郎神背的盐口袋被划了一条大口子，边逃边漏，漏下了一堆又一堆的盐。这样，就把青海湖畔变成了大大小小数不清的盐湖和盐泽……

3.库库淖尔（蒙古族传说）

青海湖，一片湛蓝色。远看，天连水、水连天，美丽，辽阔。湖边牧草茂盛，多么富饶的天然牧场。

这里，古往今来，各民族的牧民，环湖而居，生息繁衍。但是，一些部落的头人，被权势欲支配，不断挑起战争，你杀我打，常常搞得阴风怒号，愁云惨淡，尸横遍野，血染草原。

后来，蒙古族内出了一位明智的英雄，他的名子叫库库淖尔。他，耐心地教育着本民族的兄弟，和邻居和睦相处。他，反对头人们挑起的不义之战。邻族人受到狼、豹的袭击，他带领本族人，帮助邻族驱逐狼、豹。邻族人受到天灾，牛羊成群死亡，他说服本族人相助周济。渐渐地，这里的蒙古族和相邻的其它各族牧民，解除仇隙，消弭战祸。亲如家人，团结共处。

为了各民族的团结，库库淖尔奔走劳累，鞠躬尽瘁，积劳成疾，后来他死了。人民的哀思和痛哭，震惊了上天，上天知道他是个最好的人，是

民族精髓　美不胜收

个真正的英雄，便封他为团结之神，并由他管理湖周牧民的祸福。牧民知道了这件事奔走相告，为了表示对他的尊敬。于是就把青海湖也叫做库库淖尔。库库淖尔，永远成了团结友爱的象征。

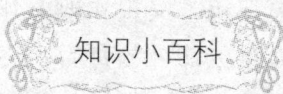

知识小百科

青海湖海怪

关于青海湖的"海怪"也是比较著名的，在民间曾经也是风靡一时的传说。"海怪"在环湖土著牧民中流传了几百年。清乾隆初年编修的《西宁府新志》中具体记载称有"青海住牧蒙古，见海中有物，牛身豹首，白质黑文，毛杂赤绿，跃浪腾波，迅如惊鹊，近岸见人，即潜入水中，不知其为何兽也"。曾目击湖中怪物者尚有数十人，这的确是个谜，有待科学家们进一步探求。有关青海湖"海怪"的传说，给青海湖蒙上了一层浓浓的神秘色彩。

二、青海平弦戏

平弦，青海地方曲种，民间坐唱艺术。因其主要伴奏乐器三弦定弦格式属于民间定弦法中的"平弦"而得名，主要唱腔为"赋子"，俗称"西宁赋子"。流行于以西宁为中心的湟中、平安、湟源、大通、互助等地。唱腔属于联曲体，除"赋子"外，尚有"背宫""杂腔""小点"等。以杂腔曲调较多，包括离情、风阳歌、罗江怨等20多支。有《沙落雁》、《楚王宫》等10多支器乐曲牌。

传统曲目多为七字句和十字句韵文，内容广泛，多取材于元、明杂剧和民间传说、故事及历史演义。平弦没有专业艺人，皆由业余爱好者演唱，

青海平弦戏 >

俗称"好家"。在工余时间去茶楼酒肆或好友家中结伴自娱或应亲朋相邀在婚、丧、喜筵上演唱。

平弦戏由曲牌联套体结构的坐唱曲艺发展形成。平弦戏在艺术实践中，从第三人称的叙述变为角色的自我抒发，以平弦曲艺音乐中的杂腔为主形成平弦声腔。它继承和发扬了平弦曲艺音乐的长处，同时吸收了青海越弦、贤孝等曲艺音乐和民间小调中的曲调成分，增加了打击乐器，在音乐结构上形成了曲牌联套和板式变化相结合的模式。

三、青海灯影戏

青海灯影戏，皮影戏剧种，俗称"影子"。唱灯影戏叫"唱影子"，看灯影叫"看影子"，灯影戏唱腔也叫"影子腔"。灯影戏的人物形象，道具（如车、马、刀、枪、桌椅等）是用加工的黄牛皮革雕制而成。人物脸谱神态各异，服装花纹细腻，色彩鲜明，对比清晰。它是由演员操纵皮影表演，透过灯光投影于银幕，让观众看影像的一种戏曲表演形式。演员、

<灯影戏

演奏员通过演唱、演奏、吟诵、道白等手段来表达戏曲内容。它主要流行于青海东部农业区汉族地区，在长期流传过程中，表演艺术日臻完美，已形成了独具特色的剧种。皮影戏班由半农半艺的民间艺人组成，农忙务农，农闲演出。其中演员一人称"前台"，也称"把式"，乐队四人（俗称后台），承担伴奏、帮腔和杂务。乐器有弦乐、管乐、打击乐三种。班社可自由结合，或以家庭为单位。灯影戏剧目可分为"大传戏"和"单本戏"两大类。大传戏是根据历史长篇小说改编，单本戏是根据民间口头文学改编。过去灯影戏没有文字脚本，全靠师傅口传身授或艺人自编自演。因此同一台戏各艺人唱法不同，艺人本人每次表演也大同小异，但主要内容、道白及唱词较固定。皮影戏的传统剧目有《铡美案》、《状元媒》、《黄鹤楼》、《斩秦英》、《满园春》、《百子图》、《北国盗甲》等。青海灯影音乐在长期的艺术实践中，从当地民间音乐和其它戏曲中吸取营养，已形成比较完整的唱腔和唢呐曲牌，具有浓郁的生活气息和淳朴的乡土色彩，表演形式生动活泼，素为青海农村广大群众喜闻乐见。

我爱青海

皮影艺人祁之韶

祁之韶是河湟谷地大名鼎鼎的皮影艺人。皮影戏是祁之韶的家传,到他至少已经传了三代。父亲祁永昭 1960 年参加国家文化部主办的木偶戏皮影戏观摩演出的大幅黑白合影,至今完整地保存在家里。父亲曾经对皮影艺术的那份执着,是祁之韶每每向客人出示这张照片时必提的话题。谈到自己,他坦言,皮影戏的确曾极大地改变了自己人生的轨迹。在 1980 年,当时已经做了 10 年民办教师的他,因参加了青海省第一届皮影戏演员讲习班,把转为正式教师的机会给耽搁了。但他认命不怨天,之后,便把全部精力投入到皮影戏中,背会了《金沙滩》《杨家将》等不少剧本。家传的基因,加之勤学苦练,技艺逐渐成熟,终于成为名闻遐迩的皮影艺人。

"一口诉说千古事,双手对舞百万兵。"这是对皮影表演艺术的生动写照。作为一个远近闻名的唱把式,祁之韶从艺多年的历程,使他对皮影戏有着深刻的理解。"别看这是一些皮娃娃,平时躺在箱子里默不作声,也别看放到亮子(荧幕)上只是一些影子,但要知道他们是有生命、有感情的。只要乐器声一响,我就马上会让他们做想要做的事情,说想要说的话。我只是一个帮忙的人。帮他们做了,说了,我心里就舒坦。"

四、青海贤孝

民间说唱曲种。由于流传地区不同,演唱方式、曲调各有特色,分别冠以地名称为"西宁贤孝"、"河州贤孝"、"凉州贤孝"等。流行于青海东部湟水流域各地的主要是"西宁贤孝"。

∧ 演唱青海贤孝的老人

　　主要承传者为民间盲艺人，多出自"孤贫院"（前身为养济院，始建于明孝宗弘治初年，几经改建更名，群众称"孤老院"，据说在清代后期即组织盲人教习贤孝），如著名盲艺人文桂贞（女，1920年生）幼年即入孤贫院拜师学艺，演唱西宁贤孝。西宁贤孝的演唱方式多由女盲人持三弦自弹自唱，也有男女二人结伴行艺，无固定演出场所，一般在街头巷尾或深入民家小院席地卖唱，收取米、面、馍馍。中华人民共和国建立后，政府和有关部门对贤孝艺人进行登记，成立盲艺人小组，让他们学习和整理传统曲目，鼓励艺人编唱新曲目，并在农村及城镇推广，产生了许多新的曲艺名手。

　　西宁贤孝的传统曲目内容比较广泛，且大部分为劝善内容，和《宝卷》有一定的渊源关系，如《白鹦哥吊孝》就直接从《鹦哥宝卷》移植而来。据统计，有演义类、传奇类、志怪类、劝喻类、生活类等曲目100多部。

　　代表曲目有《芦花计》、《李翠莲上吊》、《白猿盗桃》、《银钱儿姑娘》等。其中长篇大传曲目韵、白相间、小段只唱不说。曲词一般为五

声徵调式，四乐句结构，属单曲体，唱腔有"大贤孝调"、"小贤孝调"、"官弦"、"越牌调"、"小曲"等几种。演唱时奏过前奏、过门之后一般有"前岔曲"，然后接主曲，最后以"后岔"收尾。主曲虽只有4个乐句，但艺人可根据情节和感情需要，在节奏和旋律、拖腔上变化并润饰。有时平缓深沉，如泣如诉；有时句句紧扣，气氛热烈。数百行的曲词，唱来婉转流畅，催人泪下，形成高手艺人的独特风格。

"河州贤孝"源于甘肃临夏的《河州调》，流传于青海保安、循化、化隆一带。在流传过程中逐渐受青海方言语音和"西宁贤孝"的影响，在风格上发生了变异。中华人民共和国建立后，以西宁为中心的一些文艺团、队和业余演唱者，利用河州贤孝的曲调，填新词演唱，创演了许多新曲目。其代表人物马本源等在长期艺术实践中，创造出一种新的演唱流派，受到群众喜爱，逐渐在青海各地普及，部分艺人和群众称之为"快板贤孝"。曲调为四乐句结构单曲体。曲调格律为三节七字型，第三句不韵。流行曲目内容以反映现实生活为主，其中较有影响的有《小两口抬水》、《懒汉与鸡蛋》、《法图玛回娘家》等。

五、安多藏戏

安多藏戏是受西藏藏戏影响，吸收青海安多地区藏族文化，在民歌、民间说唱、民间歌舞、藏传佛教义化基础上，形成、发展起来的一个藏戏新剧种。它的唱念均采取安多方言，道白的速度比西藏藏戏慢，多为9个字的韵文体。表演时人物的台步、上下场动作，吸收安多民间舞蹈、法会舞蹈及汉族戏曲的因素较多，节奏不像西藏藏戏那么快。服饰也不同于西藏藏戏，没有清代宫廷服装的影响，比较接近于安多藏区古代或近代藏族服饰。化妆上，除扮演神怪、动物偶尔用一下面具外，其他全部采用面部化妆，不像西藏藏戏多数角色要戴面具，也不采用西藏藏戏传统的演出形

< 安多藏戏

式，仅在演出前，由一个人以演出者的身分，向观众祝福并介绍剧情。所演剧目，除西藏藏戏八大传统剧目外，还有本剧种的一些特有剧目。

安多藏戏约于200多年前，诞生、形成于安多地区一些藏传佛教寺院中。创演最早，对安多藏戏形成、发展贡献最大的是隆务寺。每年藏历六月十五到八月初一，隆务寺也有一个半月集中修习的法规，每次学习结束解制时，都有一次欢愉的游乐假日，叫"呀什顿"，意思是夏日野宴。假日期间，原来只是一些青年僧人，跳跳大地仙女舞"撒意拉姆"。以后，由于受拉萨雪顿节演藏戏的影响，开始出现了说唱藏戏故事的活动。随着时间的推移，条件的变化，用安多语演唱的安多藏戏，终于在隆务寺里出现了。最初，它只是由三个"扎哇"分别扮演《诺桑王传》开头的一个片断。后经历了近百年的形成期，才将寺院演出的《诺桑王传》，推向了一个发展成熟期。

现在安多藏戏，主要流行于黄南藏族自治州各县、循化撒拉族自治县藏族地区、果洛藏族自治州的班玛县和甘德县。

六、热贡艺术

"热贡艺术"是藏传佛教艺术的重要组成部分和颇具广泛影响的流派，因13世纪发祥于青海省黄南藏族自治州同仁县隆务河畔的热贡（藏语"金色谷地"）而得名，并随着隆务寺的兴盛而发展。该艺术流派在热贡地区的吾屯、年都乎、郭玛日、尕沙日等藏族、土族聚居村，数百年来村中男子十有八九都传承着从宗教寺院传入到民间的佛教绘塑艺术，其从艺人员之众多，群体技艺之精湛，叹为观止，故有"藏画之乡"的美誉。

热贡艺术主要指唐卡、壁画、堆绣、雕塑等绘画造型艺术。热贡艺术以藏传佛教中的佛本生故事，藏族历史人物和神话、传说、史诗等为主要内容，同时也包括一些世俗化的内容。热贡艺术凭借其独特的审美观念、独有的原材料和独有的传承习惯在藏传佛教、民间美术、建筑艺术等方面具有重要的历史价值和艺术价值。

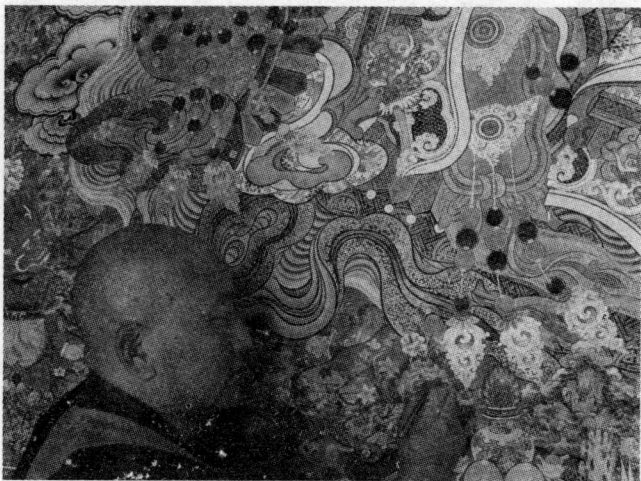

彩绘唐卡 >

民族精髓　美不胜收

2009 年 9 月 30 日，在阿联酋阿布扎比举行的联合国教科文组织保护非物质文化遗产政府间委员会第四次会议审议并批准热贡艺术列入《人类非物质文化遗产代表作名录》。

知识小百科

唐卡大师——夏吾才朗

夏吾才朗，青海省黄南藏族自治州热贡艺术馆著名画师。夏吾才朗大师 18 岁跟随中国著名国画大师张大千到甘肃敦煌作画 2 年，23 岁出师，30 岁左右就以高超的彩绘技艺蜚声画坛。他广泛吸取各地佛教绘画艺术之精华，苦心磨炼，博采众长，推陈出新，形成了自己特有的艺术风格。他的作品采用天然颜料，在线条勾勒、结构比例、色彩调配、人物造型等方面将印度、西藏、敦煌的绘画艺融为一体，并独创了画面线条的突出状，增强了绘画作品的立体感。他在继承传统绘画技艺基础上，大胆创新，创作了《格萨尔》和《文成公主进藏》等作品，突破了宗教绘画艺术只能照本临摹定规，为热贡艺术的发展做出了突破性贡献。1988 年 4 月被授予"中国工艺美术大师"称号。

< 夏吾才朗

七、酥油花

　　酥油花是塔尔寺的"艺术三绝"之一，它是用酥油作原料造出的各种佛像、人物、山水、亭台楼阁、飞禽走兽、花卉树木等艺术精品。每年农历正月十五展出时，由民族管乐器为主组成的花架乐队演奏出节奏缓稳、庄严肃穆的花架音乐乐曲，来烘托宗教气氛，并随着灯光的闪动，在含蓄典雅的音乐中，展示出酥油花雕塑的群体千姿百态。塔尔寺酥油花集雕塑艺术之大成，不仅具有很高的艺术水平和独特的艺术风格，而且规模宏大壮观，内容丰富多彩。

　　酥油花是雕塑艺术的一种特殊形式，最早产生于西藏的苯教。公元641年，文成公主进藏和藏王松赞干布完婚时，带去释迦牟尼佛像一尊，在大昭寺内供奉。这尊佛像原来没有冠冕，宗喀巴学佛成功以后，在佛像头上献了莲花形的"护法牌子"，身上献了"披肩"，还供奉了一束"酥油花"，这就是酥油花的来历。塔尔寺是宗喀巴的诞生地，不久酥油花就传到这里，并在塔尔寺得到弘扬和发展，在明万历年间这种油塑技艺传到塔尔寺后，在当地艺人们长期精心研制下达到了很高的艺术造诣。

塔尔寺酥油花 >

藏族信教群众有向寺院奉献酥油的习俗，一般仅供点佛灯和僧人食用。而每逢藏历年正月十五之前，他们将纯净的白酥油送到塔尔寺，寺中的僧艺们在其中揉进各色矿物染料制成塑造用的胚料，然后在寒冷的房间中搭架塑造。为防止制作中酥油因体温融化影响造型，他们不时将手塞进刺骨的雪水中降温。

酥油花虽名曰"花"，但其题材多样，内容丰富，主要以佛祖神仙、菩萨金刚、飞禽走兽、花鸟鱼虫、山林树木、花卉盆景组成各种故事情节，形成完整的立体画面。它的造型特点和手法类似国外盛行的蜡像艺术，但不宜长期保存。酥油花艺术继承藏传佛教艺术的精、繁、巧的特点，在一个有限的空间中容纳极多的内容。大至一米到二米，小至十到二十毫米的人物走兽，个个精到，力求写实，而其姿态神韵力求传神达意。

酥油花的制作必须在冬季低温下进行，因而塔尔寺酥油花都在每年农历正月十五日塔尔寺灯节展出，届时来自西藏、内蒙古、四川等地的农牧民及海内外游人云集山之中，山上山下，寺宇周围，人山人海，为一睹晶莹剔透的酥油花。

八、湟中民间绘画

湟中民间绘画分类主要有湟中农民画、建筑壁画、民间漆画三种。湟中农民画是其中最主要的一个画种。农民画出自农民之手，面朝黄土背朝天的农民，他们的构思和表现手法不受专业画的局限，内容朴实、想象丰富，不求比例、形似，不讲究光影、透视，作品以高原农民淳朴憨厚的感情气质、浓郁的乡土气息、优美的绘画语言、独特的地方特色和强有力的艺术魅力，展现在世人面前。

从表现形式和绘画语言方面看，湟中农民画首先借鉴了民间刺绣色彩和造型手法，用深色作画面的底色，各种单纯鲜明的颜色作衬托，具有强

烈的装饰风味。其次，吸收了油漆彩绘的表现手法，用同类的深浅浓淡渐次进行色彩配置，画面既有民族特色，又有较强的时代感。其三，借鉴了"唐卡"的艺术特色，画法多样，单线平涂，色彩浓重，对比强烈；构图饱满，通常是对称均衡的画面空隙处衬托着装饰纹样。其四，吸收了皮影戏、剪纸等民间艺术的营养，熔民族文化、地方文化和民间绘画艺术为一炉，以鲜明的地域色彩和强烈的民族特点为创作背景，广泛取材，突出地表现了高原风光和风土人情，从而创作出异彩斑斓的艺术世界。

湟中县位于青海省东部，悠久的历史和深厚的文化底蕴孕育了丰富多彩的湟中文化。湟中民间绘画发展历史较为悠久，早在明清时期就有众多民间艺人活跃于河湟谷地。青海湟中农民画始于上世纪 70 年代初，以汉、藏文化为主又独具艺术特色，是青藏高原传统民族民间艺术宝库中一朵瑰丽的奇葩。1988 年，文化部授予湟中县为"中国现代民间画乡"。

在清末时期，在塔尔寺的周边，活跃着大批的民间艺人，他们常被寺院请去雕梁画柱、泥塑彩绘、修复壁画、修葺寺院。当时民间建筑对漆画的应用也十分广泛，大户人家经常将艺人们请到家里，漆画箱柜和寿材。在此基础上，民间艺人们以拜师学艺的形式，将民间绘画手艺一代一代地传承了下来。到了 20 世纪 70 年代初，在湟中的小南川片兴起了一股民间绘画热潮，许多人都去争做手艺人。1974 年，湟中县土门关乡青峰村自发兴起了农民美术夜校，这是湟中民间绘画艺人首次自发组织较规范的民间教学活动，为湟中民间绘画的普及和发展奠定了基础。

1983 年 3 月，中国美术馆举办了《青海湟中民族民间绘画艺术展》，当湟中农民画在首都美术馆首次展出时，就受到了国家领导人的高度评价。这次展览开创了建国以来青海民间艺术登上国家级艺术殿堂的历史。接着，大量湟中农民画陆续在全国民间绘画展上参展并获奖，许多作品被介绍到国外并被国外的美术馆收藏；有些农民画家被国外的文化机构邀请，出国参加文化交流活动。在全国及省地美术作品评比中，湟中农民画频频获奖，多幅作品被国家美术馆和国外美术馆收藏。

第三节　传统手工技艺

一、加牙藏族织毯技艺

　　藏毯是青海藏族的传统手工织造品。经过三千多年的传承，青海逐步形成了具有地方特色的藏毯织造行业。由于历史和地理环境的原因，安多藏区和康巴藏区在藏毯的编织技艺、图案设计上存在着差异。康巴藏区（玉树地区）较多地保留了传统藏毯的编织技艺，而安多藏区则在图案设计上将藏汉文化融为一体，构思巧妙，色调和谐，风格独特。

<加牙藏毯

我爱青海

加牙藏毯属于安多藏毯，其主要产地分布在距西宁市 26 公里的湟中县加牙村及上新庄，还有藏族居住区玉树、海南、海北、果洛藏族自治州及西宁周边的贵德、平安、乐都、湟源等县。

　　藏系绵羊毛是世界上公认的织毯优质原材料，青藏地区的牦牛不仅在数量上占到世界牦牛的三分之二，而且绒毛厚，光洁度好。加牙藏毯的原材料来自天然放养的藏系绵羊毛、山羊绒、牦牛绒和驼绒等，通过低温染纱、低温洗毯等工艺流程，成品具有色泽艳丽、弹性好和不脱色掉毛的优良品质。加牙藏毯品种繁多，有 14 个系列、70 多个品种，采用连环编结法，毯面较厚，约在 15 毫米以上，同时保留着传统藏毯边缘不缠线的特点。

　　藏毯技艺的传承区域处于藏传佛教的发祥地，这一民间手工艺与佛教文化结下了不解之缘。加牙藏毯从天然原材料的选取到织造工艺的实施都十分讲究，这使它具有天然环保的品质，适应了人们健康生活的需要，因而备受喜爱。即此而言，加牙藏毯具有极高的艺术价值、历史文化价值、实用价值和商业价值。

二、湟中银铜器

　　在湟中鲁沙尔镇金塔路，银铜器加工作坊随处可见，流光溢彩的银铜制品摆满了橱窗，"叮叮当当"的敲打声不绝于耳。一些埋头干活的匠人，目不转睛地盯着手中的活计，用灵巧的手在银铜料上雕刻着、敲打着。看那银壶上精美的花纹，每个人都有自己的绝技。

　　说起湟中银铜器的独特之处，关键在材料和工艺。材料不用说都是百分百的纯金纯银纯铜，银和黄金本身的贵重性就具有收藏价值。工艺上每一道工序都是手工完成。这也就是说每一件作品都是独一无二的，因为即使是同一个工匠，每次雕刻同一个作品时，也不可能保证神情、形态等会完全一模一样。一件件的银铜器，都要经过手艺人千锤百炼，历经几十道

　　　　　　　　　　　　　　　民族精髓　美不胜收

∧ 传承人在展示湟中银铜器制作工艺

工序后才能完成。光鎏金一个工序，就非常复杂，必须先把提纯的金子做成薄片，然后再与水银混合，利用石头磨碎成粉末状，然后再一点一点地涂在佛像上，最后还要镶嵌上玛瑙石进行固定。

很多人对鎏金银铜器的印象，往往停留在宗教寺庙当中。其实，作为一种具有浓郁地方文化特色和藏传文化韵味的工艺品，鎏金银铜器早已走出神秘的庙堂，已经成为当今上流社会、博物馆和藏家们争相收藏的时尚品。

随着旅游业的兴起，湟中银铜器的影响也越来越大，它不仅成为湟中的品牌产品，也成为青海的品牌产品。湟中银铜器的市场也越来越大，不仅销售到全国各地，还销售到海外，甚至有不少港澳的客人专程到湟中去淘银铜器。银铜器加工，也为银匠们带来了丰厚的经济收入。不少银匠在继承传统的基础上，还在不断摸索创新。面对新的市场，湟中银铜器也要在式样、着色、产品更新上下功夫，应该开辟出更为广阔的市场天地。

湟中银铜器制作及鎏金技艺项目，已入选第三批国家级非物质文化遗产名录。

第三节　饮食文化

一、清真饮食文化

　　青海省有着一千多年清真食品用品生产的悠久历史，长期以来，这里的穆斯林群众创造了丰富灿烂的饮食文化。在青海省，自成体系的清真食品，与特有的民族文化信仰和饮食文化习俗紧密相连。

　　城市的回族一般都是一日三餐。早餐大多都是在家烹制牛羊肉泡馍，或烙饦饦馍配炒咸菜吃，或配腊牛羊肉吃，还有的老人喜欢配炒花生米吃。午餐吃牛羊肉泡馍的人也较多，还有很多家庭喜欢吃饦饦馍配炒菜。炒菜一般也是较简单的家常菜，如莲花白炒肉、芹菜炒肉、醋溜土豆丝、醋溜西葫芦、辣子炒咸菜、炒辣子酱等。晚餐大多数都吃面条，面条的种类有碎面、长面、捞面、笼面等，也吃饺子、蒸包子、烙包子、韭饼等。

　　散居在各地农村、山区、牧区的回族，其饮食习俗多受居住地的影响。例如宁夏南部山区的回民，以土豆、荞麦、莜麦、糜子、豌豆为主食，新疆阿尔泰地区回民吃马肉和奶食品，米面食品退居次要地位，这显然是受哈萨克饮食习俗的影响，居住在云南迪庆藏族自治州和西藏一带的回民，主食与藏民一样吃青稞、豌豆、三餐离不开糌粑和酥油茶。西北地区农村回族饮食最有特色者当属民间宴席。"九碗三行"就是回族的正宗宴席，一般在举办婚丧礼仪活动中，多用这种宴席招待众多的客人及亲属。

民族精髓　美不胜收

回族的饮食主食中面食多于米食。面食是回族人民的传统主食，品种多、花样新、味道香、技术精。回族饮食中，面食品种达60%多，而其他品种中也或多或少地运用到面粉。拉面、馓子、饸饹、长面、麻食、馄饨、油茶、馄馍等等，经过回族人的制作都会成为待客的美味佳品。

　　甜食占有一定的地位。回族婴儿出生后也有用红糖开口之俗。回族著名菜肴中有不少是甜菜，如它似蜜、炸羊尾、糖醋里脊等。米面中的甜食就更多了，如凉糕、切糕、八宝甜盘子、甜麻花、甜馓子、糍糕、江米糕、柿子饼、糊托等，宁夏回族还把穆斯林的传统美食油香做成了甜食，调制面团时，给里边加入蜂蜜、红糖等。

　　回族人民最喜爱的传统饮料是茶。茶既是回族的日常饮料，又是设席待客最珍贵的饮料。到回族家做客，主人都会首先端上一碗热腾腾的酽茶。

∧ 西宁回族的茶文化

回族很讲究茶具，不少回族家庭都备有成套的各式各样的茶具。过去煮茶或沏茶所用的壶，一般都是银和铜制做的，有长嘴铜茶壶、银鸭壶、铜火壶等。现在沏茶一般都用瓷壶、盖碗或带盖瓷杯，煮茶多用锡铁壶，夏天讲究用紫砂壶。

盖碗茶是西北回族一种独特的饮茶方式，相传始于唐代，颇受回族人民喜爱。盖碗茶由托盘、茶碗和茶盖三部分组成，故称“三炮台”。夏季盖碗茶是回族最佳的消渴饮料，冬天农闲的回族早起围坐在火炉旁，或烤上几片馍馍，或吃点馓子，总忘不了刮几盅盖碗茶。

每逢古尔邦节、开斋节或举行婚礼等喜庆活动，主人都会给客人端上馓子、干果等，当着客人的面将碗盖打开，放入茶料，冲水加盖，双手捧送。这样做表示这盅茶是专门为客人泡的，以示尊敬。喝盖碗茶时不能拿掉上面的盖子，也不能用嘴吹漂在上面的茶叶，而是左手拿起茶碗托盘，右手抓起盖子，轻轻地“刮”几下，其作用是一则可滗去浮起的茶叶等物，二则是促使冰糖融解。刮盖子很有些讲究，一刮甜，二刮香，三刮茶露变清汤。每刮一次后，将茶盖呈倾斜状，用嘴吸着喝，不能端起茶盅接连吞饮，也不能对着茶碗喘气饮吮，要一口一口地慢慢饮。主人敬茶时，客人一般不要客气，更不能对端上来的茶一口不饮，那样会被认为是对主人不礼貌、不尊重的表现。

二、特色小吃

1. 酿皮

酿皮是青海地方风味较浓的传统小吃。在西宁和农业区各城镇出售酿皮的摊贩到处可见。酿皮是在麦面中掺和一定数量的蓬灰和敷料，用温水调成硬面团，再几经揉搓，等面团精细光滑后，再放入凉水中连续搓洗，洗出淀粉，面团成为蜂窝状物时，放进蒸笼蒸熟，这叫“面筋”，再将沉

< 酿皮

淀了淀粉糊舀在蒸盘中蒸熟，将其切成长条，配上面筋，浇上醋、辣油、芥茉、韭菜、蒜泥等佐料，就是上好的酿皮了．吃起来辛辣、凉爽、口感柔韧细腻，回味悠长。

2. 搅团

是青海民间普遍食用的小吃，做法新颖独到。在细腻的豆面中加入少量面粉，锅中水开后放少许咸盐，边搅动，边加豆面，直到干湿合适，主

< 搅团

我爱青海

体就做好了。搅团的吃法有很多种，趁热用勺子挖一块放在碗里，用勺背压成凹形，调入事先备好的油泼辣子、蒜泥、醋等，再配以青海酸菜、豆角、萝卜，用筷子划成小块吃，这种典型的吃法叫"拌疙瘩"。

3. 甜醅

把青海特产青稞捡净沙粒，碾去外皮，簸净，清水洗去杂质、麸皮，入锅煮熟，沥出冷却，将甜酒曲撒入调匀，入陶器密封，用棉被盖严，15度左右恒温下发酵一段时间后开封食用。有点类似酒酿一类的食品，但更加醇香、甘甜，具有青稞特别的风味。有顺口溜唱道："甜醅儿甜，娃娃阿爷含口水咽，一碗两碗开了个胃，三碗四碗顶一顿饭。"

4. 羊肠面

羊肠面是青海省省会西宁地区常见的一种风味小吃。它以羊肠为主料，并伴以热汤切面共食。做法是将羊的大小肠管洗净，肠壁油不剔剥，装入葱、姜、花椒、精盐等为佐料的糊状豆面粉，扎口煮熟，并在煮羊肠的汤内投入已煮熟的萝卜小丁、葱蒜丁混合的梢子汤。羊肠有肉肠和面肠之分，肉肠之中是羊的内脏等经过调味制作而成的。同时，有些地方还有用煎锅煎出来的大肚片，以及上好的羊腿肉，可谓是色香味美。

羊肠面 >

民族精髓　美不胜收

5. 青海尕面片

尕面片（尕"是方言，读 gǎ，小的意思，也含有爱称的成分。），又叫面片子，是青海人面食中最普遍而又很独特的家常饭。青海小吃尕面片，不是用擀面杖擀出来的，而是用手揪出来的。将揉好的软面先切成粗条，叫"面基基"。然后用潮毛巾盖上片刻（此时称"回面"）。"回"好后，拿入手中，用手指捏扁、揪断，每个大约手指宽，投入沸水中，煮熟可食。由于面片小，故叫"尕面片"。

6. 青海老酸奶

青海老酸奶在青海民族饮食上有着悠久的历史，早在公元641年唐朝文成公主经过青海湖畔的日月山、倒淌河等地进藏的民间故事中，就有关于酸奶的记述。在可称之为古代藏族社会百科全书的史诗《格萨尔》当中，也有许多关于酸奶的记载。可见酸奶在青海问世至少也有一千多年的历史。酸奶的营养价值远远超过新鲜牛（羊）奶。它含有多种乳酸、乳糖、氨基酸、矿物质、维生素、酶等。有胃病的人喝了它，可促进胃酸分泌，食后非但不气胀、腹泻，反而通气、消食。

< 青海老酸奶

我爱青海

第六章

走近让心灵澄明的地方

这里有闻名世界的可可西里，这里有穿越时空的唐蕃古道，这里有华夏最美的山峰，这里有中国最美的湖泊，这里是三江之水的真正源头，这里是地球的最后净土……这就是博大而又丰厚的大美青海。

∧ 塔尔寺

第一节　秀美传奇青海湖

　　烟波浩淼、碧波连天的青海湖像一盏巨大的翡翠玉盘，镶嵌在青藏高原东北部的高山、草原间，构成了一幅群山、湖水、草原相映成趣的壮美风光和绮丽景色。

　　青海湖湖区的自然景观主要有：青海湖、鸟岛、海心山、沙岛、三块石、二郎剑；湖滨山水草原区有日月山、倒淌河、小北湖、布哈河、月牙湖、热水温泉、错搭湖、夏格尔山、包忽图听泉和金银滩草原等风景区。

　　随着青海湖地区旅游资源的开发，越来越多的中外游客慕名而来，亲身感受青海湖风光。

一、湖区景观

　　青海湖，是中国最大的内陆湖泊，也是中国最大的咸水湖，拥有4456平方公里的辽阔水域，比著名的太湖要大一倍多。位于青海省东北部的青海湖盆地内，是由祁连山的大通山、日月山与青海南山之间的断层陷落形成的。湖面海拔为3260米，比两个东岳泰山还要高。是世界上海拔最高的湖泊之一。

　　青海湖古称"西海"，又称"仙海"、"鲜水海"、"卑禾羌海"。北魏以后，始称青海。蒙古语称"库库淖尔"，意皆为蓝色或青色的湖。青海湖之名始于近代，1949年后才普遍称青海湖。

< 青海湖

  青海湖被四座巍巍高山所环抱，举目环顾，犹如四幅高高的天然屏障，将青海湖紧紧环抱其中。从山下到湖畔，则是广袤平坦、苍茫无际的千里草原，而烟波浩渺、碧波连天的青海湖，就像是一个巨大的翡翠玉盘平嵌在高山、草原之间，构成了一幅山、湖、草原相映成趣的壮美风光和绮丽景色。

  青海湖在不同的季节里，景色迥然不同。夏秋季节，青海湖畔山清水秀，辽阔起伏的草原就像是铺上一层厚厚的绿色的绒毯，数不尽的牛、羊、马犹如五彩斑驳的珍珠撒满草原，湖畔大片整齐如画的农田麦浪翻滚，菜花泛金，那碧波万顷，水天一色的青海湖，好似一泓玻璃琼浆在轻轻荡漾。7—8月的青海湖边不但盛开大片的油菜花，而且黄色的花海和一望无际的蓝色湖水相配衬，如诗如画。而寒冷的冬季到来时，青海湖冰封玉砌，银装素裹，就像一面巨大的宝镜，在阳光下熠熠闪亮，终日放射着夺目的光辉。

二、鸟岛和海心山

  在风光绮旎的青海湖中，有一个国内外闻名的鸟岛自然保护区，因岛上栖息数以十万计的候鸟而得名。它们真实的名字，西边小岛叫海西山，

我爱青海

青海湖鸟岛 >

又叫小西山，也叫蛋岛；东边的大岛叫海西皮。海西山地形似驼峰，面积原来只有0.11平方公里，现在随着湖水下降有所扩大，岛顶高出湖面7.6米。

鸟岛之所以成为鸟类繁衍生息的理想家园，主要是因为它有着独特的地理条件和自然环境。这里地势平坦，气候温和，三面绕水，环境幽静，水草茂盛，鱼类繁多。那些独具慧眼的鸟儿们，根据自己的习性和爱好，在这里选择不同的地形地貌和生态环境，构筑自己的家园。

岛上栖憩着斑头雁、棕头鸥、鱼鸥、鸬鹚、燕鸥、黑颈鹤、天鹅、赤麻鸭，以及玉带金雕等猛禽，戴胜等攀禽和百灵、云雀等各种小鸣禽近二十种。根据鸟类专家的估计，这里禽鸟的总数在十万只以上；而其中的鸟岛（小西山）和三叉石（孤插山）又最为著名，因为在这聚集着保护区鸟类总数的70%以上。如果是在鸟儿的孵育季节，又是另一幅蔚为壮观的景色，用望远镜在距离一二百米之外观察，就可以看到如下镜头：鸟岛本来就面积狭小，形如一只蝌蚪，就在那突出海面约十米的蝌蚪头高地上，小小弹丸之地，就布满了数以万计的鸟巢，密度之大，数量之多，难以用文字来形容。鸟儿们在水草丰茂、食物充足、向阳干燥而又天敌较少的环境中繁殖、生活，难怪人们把青海湖鸟岛称之为"鸟类的天堂"了。

海心山，位于青海湖中心略偏南，距鸟岛约25公里，岛形长，中部宽而两端窄，南部边缘岩石裸露形成陡崖，东、西、北三面为平缓滩地，

　　　　　　　　　　　　　走近让心灵澄明的地方

岛上大部分为沙土覆盖，生长着冰草、芨芨草、镰形棘豆、蒿草、披针叶黄花、西伯利亚黄精等，植被覆度在 50% 以上，鸟禽集中在岛的崖边及碎石滩地栖息。孤插山，又名三块石，位于青海湖西南部，南距湖边 8 公里，距西北方向的鸟岛 20 公里。三块石由礁石、碎石滩及沙埂组成，东西长约 700 米，南北宽约 150 米。礁石南坡较平缓，北边为陡壁。岛上植被稀少，仅在碎石块间隙生长有灰菜、牛尾蒿等，覆盖度不到 5%。这里是青海湖禽鸟聚栖最多的岛屿之一。

青海湖边因夏季气候凉爽宜人，气温不过 18℃左右。环湖赛从 2002 年开始，每年 7 至 8 月在青海省举行。经国际自行车联盟批准，环湖赛为 2.HC 级，是亚洲顶级赛事，也是世界上最高海拔的国际性公路自行车赛，仅次于环法赛、环意大利赛、环西班牙赛等职业巡回赛。每年比赛有来自世界五大洲的 20 支左右运动队 100 多名运动员参加，比赛总距离 1300 公里，平均海拔 3000 多米，赛程 9 天。比赛线路设计以碧波浩瀚、鸟翼如云的青海湖为中心，并向周边地区延伸，沿途自然风光雄奇壮美，旖旎迷人。

第二节　魅力与生态并存的海东、海西、海南、海北

一、海东地区

海东地区因位于省内的青海湖东部而得名，在青海省是一个开发较早、文化历史悠久的地区。

海东地处黄土高原西界，是黄土高原向青藏高原过渡地带，地形复杂，由祁连山系西北、东南走向的山脉、谷地组成，主要由冷龙岭、达坂山、拉鸡（脊）山三大山脉和大通河、湟水、黄河三大谷地组成，高山宽谷相间分布。境内地貌以中低山、丘陵、谷地为主。境内黄河流程189千米。大通河、湟水、黄河分别流经境北、境中、境南。

海东市以其自然生态文化与历史人文为特色，发展本地旅游，民俗文化资源和宗教文化资源为重要内容。区内有被称为青藏高原"西双版纳"的植物王国孟达自然保护区及青藏高原"绿宝石"的互助北山国家森林公园；有全国唯一的互助土族自治县和循化撒拉族自治县，青海"花儿"，土族"安昭舞"、"纳顿会"，撒拉族服饰、饮食等民俗风情，藏族射箭会、赛马会、锅庄舞等传统节庆民俗具有强烈的吸引力；黄河流经海东境内189公里，以黄河秀水文化为主要载体的海东旅游新形象正在形成；海东地区影响广泛的有藏传佛教和伊斯兰教，全市有瞿坛寺、文都大寺、班禅故居等著名景点30多处。海东已初步勘查发现的人文景观资源有1000多处，特别是境内有4000多年历史的史前人类灾难遗址—喇家遗址和以马家窑文化、辛店文化为代表的柳湾墓地等遗址遗迹，具有很高的学术研究价值和科考价值。

当地有著名的骆驼泉，景观有"二龙戏珠"、"龙凤呈祥"、"麒麟送子"、"猎跃蝶舞"、"吉祥八宝、"万蝠图"等，以及拥有大量南方景色的洪水泉清真寺，青海省峡群寺森林公园，有"万亩桃园"之称的桃花园林区，明太祖朱元璋以佛祖释迦牟尼的姓氏赐名为"瞿昙寺"，世界最早的"卐"字符—柳湾彩陶等等。

1. 骆驼泉

位于循化撒拉族自治县积石镇西4公里的街子村清真大寺附近。它虽是一泓不大的清泉，但却是撒拉族之乡的一处圣迹，也是传说中撒拉族的发祥地。现在是省级重点文物保护单位。

骆驼泉是撒拉族之乡传说中的一处圣迹。因一峰神奇的白骆驼，载负着撒拉族沉重历史，自中亚撒马尔罕至此卧泉化为白石而得名。

　　　　　　　　　　　走近让心灵澄明的地方

<骆驼泉

80年代初，政府拨款重修骆驼泉围墙和大门，泉边用花岗石雕刻骆驼石像，种花草树木，建水榭碑亭。重修的骆驼泉，明澈如镜，涟漪荡漾，蓝天白云，倒映其中；精雕细琢的石骆驼，伫立泉傍，昂首挺胸，栩栩如生。离骆驼泉不足百步，便有撒拉族祖寺街子清真寺和始祖尕勒莽、阿合莽陵墓。两棵葳蕤苍翠的古榆，交相辉映，自然盖住陵墓的顶，别具风情，常有游客观光。骆驼泉与毗邻的街子清真大寺，尕勒莽、阿合莽陵墓，珍贵手抄本《古兰经》，近千年古杨和百年古柏相互映衬，构成了撒拉族沧桑历史的见证和研究撒拉族历史沿革的有利依据。

知识小百科

骆驼泉的传说

相传700多年以前，在中亚撒马尔罕地区有一个小部落，为首的头人是兄弟俩，名叫尕勒莽和阿和莽，在部落中威望很高，因长期受到当地统治者的迫害，于是他们率领同族的18人，牵了一峰白骆驼，驮着一本《古兰经》和故乡的水土一路向东，寻找新的乐土。

我爱青海

他们沿途越天山，过嘉峪关，绕河西走廊，渡黄河，来到今循化境内。这时，天色已黑，又走失了白骆驼。第二天，他们在街子东面的沙子坡下发现一眼清泉，走失的骆驼卧在水中，已化为白石雕像。于是，他们试了试当地的水土，发现这里的水土与故乡的完全一样，就在此地定居下来。历经艰辛的骆驼安详地静卧在泉水中，与他们日夜相伴。后来，人们便将这眼清泉命名为"骆驼泉"。

2. 洪水泉清真寺

青海省省级文物保护单位。位于平安县洪水泉回族乡洪水村。距西宁市30多公里，该寺以独特的风格和精湛的雕刻工艺及建筑艺术而闻名遐迩，是目前青海省著名的古代清真寺文物旅游景点。洪水泉清真寺始建于明代，后经5次扩建，其中以清代乾隆年间扩修工程形成现在规模。洪水泉清真寺占地面积达6000余平方米，整个寺院由照壁、山门、唤醒楼、碑楼（被毁）、礼拜殿及学房等组成。其建筑均按照中国古典汉藏寺庙形制而建，设计奇特，在建筑风格上，大量融合了汉回藏等民族的建筑艺术，尤以砖雕、木雕图案最为优美，所雕图案大部分为"二龙戏珠"、"龙凤呈祥"、"麒麟送子"、"蜂跃蝶舞"、"吉祥八宝、"万蝠图"等及大量南方景色。同时打破了清真寺中不能出现有眼睛的动物图案等本民族的

洪水泉清真寺 >

文化传统观念，具有我哺育清真寺中少有的独特风格。寺院坐西朝东，布局精巧，主要景观有照壁、山门、唤醒楼、礼拜殿，其砖雕、木雕图案，繁多，工艺高超、建筑奇特，是一部古代民间民俗吉祥图案的宝典。

3. 青海省峡群寺森林公园

省级森林公园，国家AAA及景区。位于青海省平安县西南部脑山地区，拉脊山脉北麓，109国道1924公里南25公里处，距西宁机场30公里。平安峡群寺森林公园距青海省西宁市55公里，是集森林与寺院为一体的自然风景区。峡群寺森林公园总面积3558公顷。1996年2月，经青海人民政府批准建立为省级森林公园，森林公园包括峡群林场辖区、著名的佛教胜地——夏宗寺。峡群林场是平安县唯一的天然次生林林区，林向整齐，具有成片的天然云杉、山杨纯林，少量的云桦混交林及人工青杨林。绿意盎然的白杨、零星点缀的红花、青青的草地及涓涓细流，清新自然。各种乔木高大挺拔，林地清新湿润，散发着芬芳。紫色的高山杜鹃、黄色的金露梅、白色的银露梅、叶形绮丽的茶藨子、果红似火的天山花楸等灌木镶嵌于林间，构成了旅游区独特的自然景观。区内有众多珍禽异兽，如狍鹿、猞猁、獐子、野狐、野兔、野鸡、梅花鹿等；野生植物资源也很丰富，如蕨菜、蘑菇、鹿蕨菜、石花菜等；药用植物有大黄、黄芪、党生、秦艽等。旅游区内山清水秀、鸟语花香、景色迷人、气候凉爽，是旅游度假、休闲

<峡群寺森林公园

疗养的深山仙境。夏宗寺是藏传佛教格鲁派创始人宗喀巴削发为僧并拜西藏噶玛噶举派黑帽系四世活佛若比多杰为师学经的地方。相传，东晋安帝隆安三年（公元399年），有汉僧法显等人赴印度求经，曾途径夏宗寺一带居留活动过。宋代夏宗静房得到扩建，为研究藏传佛教在青海的发展提供了丰富的实物例证，也为广大旅游者和宗教信徒创造了朝觐游览的广阔天地。景区内每年农历六月初六举办"六月六"花儿会。

4. 桃花园林区

国家2A级风景区，国家重点文物保护单位。位于青海省民和县川口镇、马场垣乡。109国道距景区3公里，兰西高速直达，青藏铁路海石湾车站距景区3公里。距青海省西宁市110公里，甘肃省兰州市120公里。是集考古研究、观光、休闲、度假为一体的农业生态观光旅游风景区。桃花园林区总面积20平方公里，区内海拔1700米，年降水量500毫米，雨水充沛、气候湿润、盛夏凉爽宜人，近万亩的果园、桃林，故有"万亩桃园"之称。景区始建于1997年，由当地村民马学德利用本地良好的气候条件和优美的自然环境，在自家承包地上办起了第一家很有盛名的旅游接待点"桃花园"，到目前带动发展到24家。桃花园林区以"回归自然，休闲度假，观光旅游"为定位，植物种类达几十种。其中果树种类20种，桃树种类10种，牡丹品种达40种，有著名的黑牡丹、宫廷牡丹、山药牡丹、紫牡丹等品种达十几种。主要景点有桃花园，占地18亩，在青海西宁、

桃花园林区中身穿民族服装大的姑娘 >

　　　　　　　　　　　　　　走近让心灵澄明的地方

甘肃兰州地区有一定的知名度。牡丹园，以种植牡丹为主，品种达 40 多种。马场垣遗址，国家级文明保护单位，东西长 360 米，南北最宽处 115 米，最窄处 50 米，遗址较完整，是原始社会新旧石器时代晚期及青铜时代古文化遗址，瑞典人安特生于民国十二年（1923 年）发现。主要游览活动有四月底赏桃花，品牡丹及允吾梨花，8 月、9 月采摘鲜果。景区内每年 4、5 月份举办桃花节，果花会。

5. 瞿昙寺

国家级重点文物保护单位。瞿昙寺位于青海省乐都县瞿昙镇，距县城约 21 公里，距省会西宁 70 多公里，是青海著名的文物旅游景点和游览胜地，占地 52 亩，建筑面积约 1 万平方米。这座规模宏大的汉式建筑风格的藏传佛教寺院，是在明王朝扶持藏传佛教以统治藏区的政治背景下，由三罗喇嘛在洪武二十五年（1392 年）创建的，明太祖朱元璋于次年以佛祖释迦牟尼的姓氏赐名为"瞿昙寺"，此后又经历永乐、洪熙、宣德各朝钦派太监及匠师扩建。寺院选建在雄浑而清幽的风水形胜之地，沿着南向偏东的轴线布局，背倚罗汉山，前临瞿昙河，面朝凤凰山，远可望雪山，同自然环境有机和谐地融成一体。寺院原围有土城，形势险固，可惜目前仅存残垣断壁。瞿昙寺建筑组群划分为前院、中院和后院三进院落，中院和

< 青海高原的小故宫——瞿昙寺

后院周匝廊庑；沿着中轴线序列山门、金刚殿、瞿昙殿、宝光殿和隆国殿；两侧对称建有御碑亭、小钟楼、小鼓楼、配殿、香趣塔和大钟楼、大鼓楼等。其中，前区基本呈汉地佛寺"伽蓝七堂"格局。后区巍峨壮丽，冠于全寺的隆国殿，两翼有呈向上朝拱之势连缀抄手斜廊，还有造型端庄的大钟楼和大鼓楼对峙左右，则明显仿自明代北京紫禁城的奉天殿（太和殿）和两翼抄手斜廊以及文楼（体仁阁）、武楼（弘义阁）的布局意象，堪称明清北京故宫的"活化石"。另外，主体建筑群东北，还有一组两进院的活佛住所即囊谦，为青海地区民居建筑风格。瞿昙寺的汉式建筑风格十分典型，在类型众多的藏传佛教寺院中独树一帜，实际也是清代北京和承德等地大量兴建的汉式藏传佛教寺院的先声。其基本完好的的建筑遗存，包括风水格局、廊院、抄手斜廊、建筑彩画、壁画、御碑等等，为古代艺术、文物和建筑史等研究留下了具有重要价值的众多珍贵实物资料，也成为了引人入胜的观光旅游胜地。

6. 十世班禅的故乡—文都大寺

文都大寺，亦称"边都寺"、"边埃寺"，藏语称"文都贡钦扎西科尔朗"，意为"文都大寺吉祥法轮洲"，位于青海省循化撒拉族自治县城西南17公里处，在今文都张西南5公里的拉代村之北侧山坳。该寺坐西向东，依山而建，是循化地区最大的寺院。文都大寺，属藏传佛教

文都大寺 >

走近让心灵澄明的地方

格鲁派寺院，是规模较大的藏式寺院建筑群，该寺依山而建，气势磅薄，南林北峰，一片苍翠，环境幽雅，景色美丽，闻名全国。文都藏族乡是十世班禅额尔德尼·确吉坚赞（1938—1989 年）大师的故乡，文都寺是大师幼年学经的母寺，也是大师生前回乡进行宗教活动的主要场所。文都大寺是循化地区最大的藏传佛教寺院，经元朝帝师八思巴法王授记，由第二任帝师亦怜真创建于 1272 年，也是青海最早的藏传佛教萨迦派寺院。现有僧侣 300 多人，活佛 10 人，占地 150 亩，各殿堂佛像 200 多尊，唐卡 570 多幅，佛殿 12 座。寺院主尊为萨迦独有大黑天护法神王，该神王由萨迦昆氏家族延传至今。

7. 夏琼寺

夏琼寺位于青海省化隆县查甫乡，距省会西宁 95 公里，临平公路南侧 15 公里处，是著名的藏传佛教文化圣地，也是青海省最古老的四大藏传佛教寺院之一，因藏传佛教格鲁派一代宗师宗喀巴大师在此剃度出家而闻名于世。夏琼，本为藏语，意即大鹏，乃附会山形之势以命名。山势东、西、北三面峰峦重叠，南面如刀劈斧削，陡峭万仞，险绝异常。山顶建有古刹夏琼寺，从南向北远望，寺院恰于大鹏右肩，古人誉为佛教圣地。夏琼寺自创建以来，先后修建了妙音菩萨殿、弥勒殿、金顶殿、阿底峡殿、金刚佛殿、支扎佛殿、煨桑殿、地藏菩萨殿、监河弥勒殿、山佛殿、护法

< 夏琼寺

我爱青海

神殿等十一个殿堂，构成了一处汉、藏艺术风格相结合的古建筑群，整体建筑庄严大方，雄伟壮观，布局井然有序，气势磅礴。

二、海西地区

海西蒙古族藏族自治州地处青藏高原北部，青海省西部，因在青海湖以西，故称"海西"。

海西州有丰富的自然景观和人文景观，特别是有"中国第一神山"和"万山之祖"的昆仑山，其昆仑山文化源远流长，在华夏文化中占有重要地位，是中华民族伟大的图腾，它还是连结中原与西部各少数民族地区最牢固的天然纽带。格尔木市境内的4A级昆仑文化旅游区、德令哈市的可鲁克湖及外星人遗址旅游区已初具规模，都兰县境内的国际狩猎场已开办多年，在国内旅游市场中享有一定的知名度。海西州西部地区奇特的雅丹地貌、沙漠戈壁是科学考察和旅游探险最有魅力的旅游景点。海西州有广阔的草场、蒙古族、藏族民俗风情是吸引国内游客体验少数民族俗风情的最好去处。海西州旅游资源类型丰富，功能全，组合优良，科学文化内涵丰富，大部旅游资源都保持了原始风貌，景观独特、奇美、神秘，是开展登山陆游、生态旅游、科学考察、文化旅游、探险旅游和了解蒙藏民族风情的理想胜地。海西州旅游资源有许多是青海乃至中国之最，是中外游客所憧憬的旅游地区。区内名山大川、长江源区、荒漠戈壁、昆仑文化传说、"外星人遗址"、吐蕃文化、蒙藏风俗等旅游资源均体现出青藏高原原始、淳朴、粗犷的自然环境和自然旅游景点特点，符合世界旅游求新、求知、求异、求乐的需求趋势，在省内外、国内外将极具吸引力和竞争力。

1. 贝壳山

位于都兰县诺木洪乡东南方向的一片荒漠地带。贝壳山不高，是大漠人诗意的夸张，东西走向，宽约70米，长约2公里左右。大约铜钱，小

<贝壳山

约拇指，数以亿计的贝壳，同含有盐碱的泥沙凝结在一起，层层叠叠，千姿百态。这里原本是一片碧水浩淼的古海，而今，古海退去，陆地隆起。贝壳山是古海的遗踪，也是沧海桑田的最好见证。是研究青藏高原地质演变的有力证据，具有较高的地学旅游价值。

2. 霍鲁逊湖风景区

该区分南北霍鲁逊湖，位于诺木洪乡田格里村西北，是柴达木盆地最底端，海拔 2580 米，水面 216.8 平方公里，湖深 8 米。湖东西部生长着一望无际的芦苇，随风起伏，碧波荡漾。湖东南岸有三座千万年前大海变陆地时堆积下来的贝壳山，经阳光照射，白光闪烁，扑朔迷离。春夏之交，湖上众鸟嬉戏，大自然神奇景观尽收眼底。在田格里河源头，三大温泉汇集成湖，由于湖中芦苇根系纵横交错，泥土沉积，在湖面上形成一片片大小不等的飘浮的"芦苇草船"。面积达 70～80 平方公里的田格力湖芦苇密密层层，湖中有珍稀禽类黑颈鹤、白天鹅、斑头雁、黄鸭等，使人叹为观止。

3. 虾聚峰

虾聚峰屹立在都兰县东南 200 多公里沟里乡境内幽静的江门沟，平均海拔 4400 多米，四面昆仑支柱环抱，当地人称江洪门山，相对高度 200

米左右。峰腰及顶向阳一面，约70多平方米，皆大虾化石，呈青黑色，阳光下闪闪发亮，远望似造型奇特的浮雕，琳琅满目，恰如群虾闹海，或奋须扬威不可一世，或多促戟指愤怒异常，或蜷曲挣扎似曾受伤仍拚死相搏……英姿飒爽，神态栩栩如生。虾聚峰记载了柴达木的地质年轮，把地球的生命轨迹，鲜明形象地刻在了昆仑支柱上，是研究青藏高原地质变迁的重要资料。

4. 都兰国际狩猎场

都兰国际狩猎场分巴隆、沟里两个狩猎点，坐落在县境的西南135公里和153公里处，分别占地1900公顷和25000公顷，猎场海拔3000～5000米，属昆仑山余脉布尔汗布山区。猎场区内，山体高峻，表面为多风蚀岩。随山势走向，山坡有急有缓，阳坡陡峭，阴坡平坦；其间沟岔曲折，冈峦兀立，晨雾氤氲，溪水潺潺，山柳、茅草丛生，岩羊成群出没，是猎手觅兽射猎的好场所。都兰狩猎场内，分布有各种数量众多的动物，主要有名贵的珍稀动物雪豹、盘羊、白唇鹿和藏原羚、岩羊，还有马鹿、狼、麝、赤狐、高原兔和雪鸡、毛腿沙鸡、石鸡、环颈雉等。其中，岩羊数量较大，经常有四五百只的群体漫游活动。狩猎场有车、马、骆驼、

都兰国际狩猎场 >

牦牛，任由客人选用，还有热情的向导为猎人带路。都兰国际猎场为开放游动式猎场，每年4、5月份和9、10月两次对外开放狩猎。目前每年接待国外游人数百人，已有一定的接待能力。

5. 雅丹地貌

分布在柴达木盆地西部的南八仙和牛鼻子梁一带，有一历经千百年风蚀而形成的地貌，它由各种奇形雅丹地貌，怪状的泥岩组成。有的成20-30米高的小峰；有的像巨神屹立直插运霄；有的像磨菇破土而出；有的像美丽的芭蕾舞姿，其形态奇异壮观，令人有置身另一世界之感，所以人们又称此为"魔鬼城"。夏季来此一游，时常可以见到"瀚海蜃楼"景观，那风尘车马，广厦玉宇，更令人感到扑朔迷离。它将成为海西西部地区最有魅力的旅游景点。

< 柴达木盆地雅丹地貌

6. 哈里哈图原始森林

距乌兰县城东北青新公路约15公里处是哈里哈图原始森林旅游区，只见崇山峻岭之间，苍松翠柏，山清水秀，涓涓细流，顺山而下，水中怪石嶙峋，与各种灌木花草相映成趣，构成一幅天然美景，使人心旷神怡。金子海位于乌兰县城西南约80公里处，面积0.45平方公里，从湖边叉出

两条河流，向东南和西南方向输送清泉，常年流淌，湖的西部和西北部为沙漠；湖的东部和东南部被2米多高的芦苇所环绕，近湖地段为百米宽的草带。金子海在夏秋季节，波光粼粼，鱼儿在湖面上跳跃，湖边有成群的鸟儿在嬉戏，充满一种返朴归真的乐趣。春天一群群黄鸭和海鸥在这里繁衍生息，秋天大雁在这里暂宿，雁群有时铺天盖地，遮地蔽日；冬春季节湖水冰封，冻裂之时似有水牛叫声，颇使人感到神奇莫测。在此滑沙、垂钓、戏水，均可以使人怡然自得。

7. 扎群神山

在天峻县舟群有座雄伟的神山叫扎群山，据说是西王母、九天玄女炼功、演绎兵法的所在。在这座神山上，有几处更神妙的地方。其中山下有一口神泉，其泉水清香可口且十分旺盛，传说人们饮用后能治百病。西王母、九天玄女炼长寿药时就采用这口泉水。在神山的西侧，有三处形状像女性外阴的石洞，人们称为生命之源。传说人从上洞钻进去，从下洞钻出来，就会消灾避祸、吉祥如意、健康长寿。离这神山不远的地方有一个很深的石洞，据说是直通青海湖，但至今为止谁也没钻到头。

8. 天峻山

位于柴达木盆地东部边缘布哈河南面的天峻山，为环湖13名山之一。距县城20公里。是风景独特的夏季游览胜地。此山海拔4600米，山势陡峻，

天峻山 >

走近让心灵澄明的地方

形如尖塔，翘首上望，轻云笼烟。山体时隐于云雾之中，时露于丽日之下，忽明忽暗，变幻莫测。

天峻山只有一条险峻小道通向峰顶，小道十分狭窄，宛如羊肠。道旁则悬崖峭壁。由小道攀上峰顶，顿觉豁然开朗。一块长5公里、宽2公里的平坦草场出现在眼前。这里牧草青青，野花点点，如锦似绣。每到夏季，附近牧民常把牛羊赶上山顶来放牧。山北生长着稠密的柳树灌丛，山南是片片葱笼的松林，西南山脉连绵不断，东面是一望无际的大草原。此山"有云必下雨，下雨必成雪"。每当浓雾天，便成一片混沌，而秋高气爽时，则可远眺到百公里外的青海湖那湛蓝的湖水。山上山下，岩羊成群，香獐奔逐，并时有野马、马熊出没。

9. 热水墓群

位于都兰县热水乡热水沟西岸，属唐代遗迹。分布在长约7公里的热水、扎玛日、沙尔塘、斜歪4个自然村，共有大小墓葬165座。1982至1986年，青海省文物考古研究所在此进行发掘与清理，大部分已被盗掘，1986年公布为国家级文物保护单位。墓葬均有封堆，分梯形和圆形两种；以夯土或堆以砾石后再覆盖夯土，夯层间铺有沙柳枝条，夯土下方均筑平面为等腰梯形的石墙，边缘砌有土坯或泥球，并在其外侧涂以红色石粉；

< 热水墓群

我爱青海

墓室为砌石，由墓道、中室、左右侧室和后室组成；封土堆前有规模巨大的祭祀坑、木车、木牍、玻璃器皿和金银器具。丝织品上有佛像、飞马及各种不重复图案 130 余种；部分文物及图案具有较浓郁的中亚风格特点。

三、海南地区

海南藏族自治州地处青藏高原东北隅，青海省东部，著名的青海湖之南，故名海南，是青藏高原的东门户，素有"海藏通衢"之称。东与海东地区和黄南州毗连，西与海西州接壤，南与果洛州为邻，北隔青海湖与海北州相望。

海南州绚丽多彩的民族风情淳朴迷人，绿草如茵、野花灿烂的辽阔草原，牛羊漫山遍野，帐篷星罗棋布。肥美的手抓羊肉、鲜嫩的血肠、醉人的青稞美酒、淳香的酥油奶菜香飘千里草原。景观：青海湖鸟岛，龙羊峡，神女峰，坎布拉森林公园，贵德温泉，伏俟城，直亥雪山。海南州有着悠久的历史、古老的宗教文化和独特的民族风情。境内群山起伏，峰峦叠嶂，河流绵延，森林茂密，草原茫茫，湖水无限，旅游资源十分丰富。海南地区远在 7000 年前就有了人类活动。在长期的历史演进过程中，海南各民族人民在这里繁衍生息，用自己勤劳的双手创造了古朴精深而独具特色的历史文明，使其成为华夏文化的重要组成部分。中华母亲河黄河流经境内五县，总长 411 公里。青康、青藏、西久、青南公路贯穿境内，历史上"羌中道"、"丝绸之路"、"唐蕃古道"都曾越境而过。州府设在恰卜恰镇，辖共和、贵德、同德、兴海和贵南 5 县。海南州历史悠久、文化灿烂、山河壮丽、民风淳朴，群山起伏、河流绵延、草原广袤，独特的人文景观和壮美的自然景观交相辉映。有闻名遐迩的文成公主进藏途经的日月山；有"天下江河皆东去，唯有此水向西流"的倒淌河奇观；有神奇梦幻般的国家 4A 级景区青海湖；有被誉为"天下黄河第一坝"的龙羊峡水电站；有

"天下黄河贵德清"、"青海小江南"之称的梨花之都贵德县；有神山古刹赛宗寺；有"青海九寨"之称的贵南直亥景区、同德宗日文化、同德河北原始森林风景区以及驰名省内外的贵德河西温泉浴疗等名胜古迹和奇特景观。海南州境内不但旅游资源十分丰富而且又是通往西藏和长江、黄河、澜沧江源头、被称之为"中华水塔"三江源自然生态旅游区的必经之地，在全省具有发展旅游得天独厚、无与伦比的地缘优势。

1. 日月山

初唐时名赤岭。位于湟源县西南，在青海湖东南，既是湟源、共和两县的交界处，又是青海农区和牧区的分界线，海拔 3520 米，是游人进入青藏高原的必经之地，故有"西海屏风"、"草原门户"之称。据说当年文成公主入藏途经此山，她怀揣宝镜，登峰东望，不见长安故乡，悲从心起，宝镜下滑坠地，一分为二，一半化为金日，一半化为银月，日月交相辉映，照亮着西去的征程。此地成为唐朝和吐蕃实行物资交流和两地使者往来的中转站。现在山隘上尚立有"日月山"三字的青石碑，山顶修有遥遥相望的日亭和月亭，山南脚下有流向独特的倒淌河。倒淌河在日月山西边脚下，一股碧流永无休止地向西而去，流入浩瀚的青海湖。天下河水往东流，偏有此河向西淌，所以人们称此河为"倒淌河"，关于倒淌河的来历，民间

<遥遥相望的日亭和月亭

我爱青海

有许多传说。据地质学家考察，两亿多年前，由于地壳运动，高原隆起，青海湖成为完全闭塞的湖，使本来向外泄的河只好转过方向向西流。站在山顶，向东眺望，一派田园风情；向西看，碧波荡漾的青海湖，海心山明丽动人，与田园秀色迥然不同。故游人都说："登上日月山，又是一重天"。

2.贵德温泉

位于龙羊峡外口南面的山沟中，距县城20余华里。三面高出，危岩叠峰。山石焦黑，植物生长稀少。山脚下的深沟石隙中，喷出温水，汇成温泉。水面热气蒸腾，手不能近。将鸡蛋放入器皿，置泉水中20分钟即熟，离泉口约200米处，可以沐浴，但水温偏高，感到有些过热。对贵德温泉，民间流传着这样一个美妙的神话：天地开辟时，天上有十个太阳，晒得大地火热。赤地千里，人们几乎生存不下去。当时有个名叫后羿的英雄，施展了他的射箭神技，射落了九个太阳，独留下一个在天上，才平息了大地灼热的灾难。可是，那射落的九个太阳并不甘心，他们就钻进地下去，分散在古老的九州大地，在土里发挥他们的威力。跑到雍州地界的那个便落脚在贵德温泉地底下，由于它的高温灼热，地下水经常沸滚，涌出地面，便成温泉。青海、甘肃、四川等毗邻地区患皮肤病、寒湿腿、筋骨痛等病的人们，往往长途跋涉，来到贵德温泉疗养、治病。

贵德温泉 >

　　　　　　　　　　　　　　　　　走近让心灵澄明的地方

3. 龙羊峡

位于青海共和县境内的黄河上游，是黄河流经青海大草原后，进入黄河峡谷区的第一峡口，峡口只有30米宽，坚硬的花岗岩两壁直立近200米高，是建立大坝的宝地。上距黄河发源地1684公里，下至黄河入海口3376公里，是黄河上游第一座大型梯级电站，人称黄河"龙头"电站。龙羊峡长40公里，黄河穿越其间，河谷宽9公里，河谷两岸，一边是起伏峻险的茶纳山，一边是连绵不断的莽原，中间是一片宽阔平坦、肥沃丰腴的盆地，使整个峡谷成为一个巨大的天然库区。到了峡口附近，突然峭壁陡立，两岸距离仅有30多米，岸高150多米，这里是修建水电站得天独厚的地方。龙羊峡水电站最大坝高178米，为国内和亚洲第一大坝。坝底宽80米，坝顶宽15米，主坝长396米，左右两岸均高附坝，大坝全长1140米。它不仅可以将黄河上游13万平方公里的年流量全部拦住，而将在这里形成一座面积为380平方公里、总库容量为240亿立方米的我国最大的人工水库。龙羊峡人工水库已成为美丽的旅游景点，大坝锁黄河，高峡出平湖。碧波荡漾，湖光山影，乘游船绕湖一周，苍穹碧野，心旷神怡，游客才顿然悟到，黄河水在这里是"清"的。清清的黄河水，是大自然的赐予，是人们对黄河利用和改造的结果。

< 龙羊峡水电站

我爱青海

4.贵德明清古建筑群

贵德地处黄河谷地，上有龙羊峡锁关，下有松巴峡守户，四面环山，平川开阔，土地肥沃，素有高原"小江南"之称。黄河途经贵德境内的清清河水近年吸引了来自海内外的游客。然而在欣赏了清清黄河水后，人们又惊奇地发现这里还有一处保存完整的明清古建筑群。贵德县文庙和玉皇阁是贵德县现存明清古建筑群最具代表性的建筑。这处古建筑群位于贵德县河阴镇，史料记载，明万历十七年（1589年），为巩固统治，教化民风，保佑"皇图永固，时岁享昌"，乃"恭择城中场地，创修玉皇圣阁"，历时四年峻工。至清道光十七（1837年），玉皇阁重建、扩建工程告竣。清同治六年，回民起义，玉皇阁毁于战火，现存古建筑群是光绪年间依次重建。该建筑群占地面积61亩，建筑面积4915平方米，是一处庙观相互毗邻，集儒、道、佛为一体，摈弃门户之见，并存相依，布局独特的古建筑精品。整体建筑采用中国传统的中轴线左右对称的形式，单体建筑以甘肃、青海两地做法为主，富丽堂皇，布局国内罕见，极具历史文物价值和建筑艺术价值。文庙包括棂星门、泮池、乡贤名宦祠、七十二贤祠、大成殿等12个单体建筑。其中大成殿是供奉中华民族伟大先哲孔子之神位，历来为文人祭祀孔子和集会的场所。除玉皇阁和文庙外，贵德明清古建筑群还包括供奉着关羽、岳飞和马祖三尊神的关岳庙、藏传佛教寺院大佛寺、仍留有清光绪时期壁画20平方米的城隍庙等。

贵德县玉皇阁 >

走近让心灵澄明的地方

5. 赛宗寺旅游风景区

赛宗寺位于宗山下，始建于1923年，寺院的绘画艺术来源于同仁县吴屯，殿堂内有释迦、莲花台、宗喀巴及阿热仓的金身塑像，既吸收了印度的如眉心宝珠、腕镯的表现手法，又融合了汉族佛像端庄、肃穆、优美、慈祥的特色。藻井、墙群既有佛经故事，又有动物、山水，绚丽多彩、栩栩如生。赛宗山位于海南的兴海县区中部，距县城所在地——子科滩32公里。赛宗山是安多地区藏族群众传说中的三大著名神山之一。真是古刹名山相得益彰，寺以山而闻名，山以寺而增辉。每逢藏历猴年，四川、甘肃及省内外数以万计的信教群众来此朝拜、转山，盛况空前。

6. 阿尼玛卿雪峰

当地称为玛卿岗日或积石山，属昆仑山系。当地藏族人民称"神山"，主峰6282米，东南横长14公里，宽约4公里，终年积雪。炎夏七月晴日远远眺望，碧空万里，雪峰突立，宛若水晶玉石雕塑的一般，光洁晶莹，珠光宝气，十分壮观神奇。"阿尼"是安多藏语的译音，即"先祖老翁"之意；"玛卿"则是古代藏族部落的姓氏，包含有美好、幸福和雄伟壮观的意思。民间传说，阿尼玛卿雪峰是"博卡瓦金"二十一座神山之一，亦

阿尼玛卿 >

称"斯巴乔贝拉格",即开天劈地九大造化神之一,排行第四,专掌"安多"地区河山沧桑之变。在一些人的想象中,阿尼玛卿山神披银甲持长剑,乘坐白马,腾云驾雾,顶天立地,双眼喷射出流星般的闪光,威风无比,举世无双。他主持公道,抑强扶弱,要杀尽人间邪恶,降服世上妖魔,惩罚强横,拯救庶民。阿尼玛卿周围山脚下,是水草盛辽阔牧场,泉水交错,溪流蜿蜒,灌溉着无数称为"梅朵塘"的鲜花滩,片片滩上,花团锦簇,香气扑鼻,是哺育牛羊的良好基地。这里除为国家提供名贵的药材、兽皮如雪莲、雪鸡、雪豹、猞猁、鹿茸、麝香、虫草、贝母等外,每年还大宗交售牛羊等牧畜产品。

四、海北地区

海北州山脉纵横,祁连山及其支脉由西北向东横贯州境。河流众多,大小河流140余条,地势由西北向倾斜,平均海拔3100米。

走近让心灵澄明的地方

<原子城

1. 西海镇

这个昔日与世隔绝的"原子城",将以不朽的业绩、神秘的传说、美丽的景观成为国内外又一个令人神往的旅游热点。张爱萍将军题写的"中国第一个核武器研制基地"的纪念碑,镌刻着新中国扬眉吐气的业绩。爆轰试验场仍然深烙着当年模拟爆轰试验的痕迹;宽敞的车间向人们讲述当年装配核武器的感人场面;王淦昌、朱光亚、邓稼先、周光召等著名科学家曾居住过的"将军楼"依然如故;邓小平、胡耀邦等党和国家领导人下塌的招待所,已改建成具有浓郁现代气息的海北宾馆。今天的"原子城"将为中外游人撩起昔日神秘的面纱,展现当代风姿。

2. 金银滩

西海镇所坐落的金银滩历史悠久,文化灿烂。这里有距今 2000 年的西海郡遗址,属国家重点文物保护单位,那依稀可辨的古城犹存,出土的花岗岩石虎栩栩如生;有省级文物保护单位德州古墓、尕海古城;有以其独特建筑在环湖地区颇具影响的黄教寺院——白佛寺。20 世纪 40 年代王洛宾先生来金银滩采风,触景生情,创作了至今仍广为传唱的《在那遥远

金银滩 >

的地方》。如今勤劳的藏族、蒙古族牧民在金银滩建起了牧民定居点，可使游人领略到纯朴、自然的民俗风情。

3. 百里油菜花海

百里油菜花海位于青海省门源县、祁连山与大坂山之间的盆地，宁张公路、217 国道和民门公路通达，距西宁 150 公里，是自然风景旅游区。长约 50 公里，宽约 12 公里，面积 535 平方公里，是中国最大的北方小油菜基地。每年 7 月，一年一度的油菜花旅游节是观赏油菜花的最佳时机，七月的浩门川，是花的海洋，也是歌和舞的海洋，一片别具特色的高原田园风光。百里油菜花景区被评为西部开发创业奖，是农业生态旅游观光的绝佳去处。

百里油菜花海 >

4. 岗什卡雪峰

岗什卡雪峰，亦名冷龙岭主峰，海拔5254.5米，雪线高度北坡4200米，南坡4400米。山体主要由偏酸性石英角闪岩、片麻岩、斜长角岩、基性火山岩等组成，在构造上属北祁连山加里东褶皱带。集现代冰川的壮观和完整的植被带为一体，是科学考察、登山探险和旅游观光的理想之地。峰顶有百万年冰川，积雪终年不化，气候瞬息万变，玄奥莫测，时而蓝天白云，银光熠熠，时而狂飚大作，天昏地暗，有时雪崩暴发，龙吟虎啸，飞雪漫卷，令人胆寒心惊。每当夕阳西下，晚霞轻飞，山顶晶莹白雪、熠熠闪光，时呈殷红淡紫、浅黛深蓝，犹如玉龙遨游花锦丛中，暮霭升腾，被称为"龙岭夕照"，是门源古八景之一，青海十大景观之一。

< 岗什卡雪峰

5. 黑河大峡谷

一条蜿蜒曲折、状若青带的大河在深山峡谷中奔流不息，峡谷内冰川广布，怪石嶙峋，树茂草丰，景致独特，这就是地处祁连山深处的大峡谷——青海省海北藏族自治州祁连县黑河大峡谷。全长800多公里的黑河大峡谷平均海拔在4200米以上，其中有70公里属"无人区"。峡谷内有冰川800处，分布面积超过300平方公里。穿越峡谷的黑河是中国第二大内陆河，流经

青海、甘肃、内蒙古三省区，被誉为"河西走廊的母亲河"。凭借独特的地理条件和气候因素，黑河大峡谷内的高原动植物资源极其丰富，是旅游探险的理想去处。

6.祁连山草原

祁连山草原被评为中国最美六大草原之一。祁连山冷龙岭北麓，有省道直通。总面积2192平方公里。这里地势平坦广阔，土肥草茂畜旺，自西汉元狩二年起即为养马屯兵之要地。今世界第二、亚洲第一马场——山丹军马场即设在此处。与草原相接的祁连山被终年不化的冰雪覆盖着，银装素裹，白雪皑皑，而草原上的万顷油菜花金灿灿令人神往，微风吹来，花涛汹涌，宛如钱塘江潮水，一浪推过一浪，滚滚向前，又如万马奔腾，势不可挡，加上蓝天白云下的一群群马牛羊点缀其中，给人回归自然，返朴归真，如入仙境的感觉。西大河水库被群山环抱，皑皑雪山倒映水中，恰如一块明镜镶嵌在翠绿的草原上，若荡舟水中，更使人心旷神怡。

∧ 祁连山草原

走近让心灵澄明的地方

第三节　雪域果洛

　　果洛藏族自治州地处青藏高原腹地，黄河源头，位于青海省的东南部。地处青南高原东南部，巴颜喀拉山自西北向东南贯穿州境西南部，阿尼玛卿山贯穿州境北部、境内山脉连绵，沟谷交错，河流纵横、黄河自西北向东南流经境中，大小湖泊星罗其布。

　　神奇、美丽、富饶的果洛藏族自治州风光幽美奇异，有插入云天的陡峭雪峰，有遮天盖地的原始森林，有蜿蜒流淌的源头溪流，有宛如明镜的海子湖泊，有无限风光的扎陵湖和鄂陵湖，有神秘瑰丽的年宝叶什，有北国江南班玛仁玉，还有神秘莫测的藏传佛教……全州境内有旅游景点70余处，其中江河源头、阿尼玛卿峰为国家级旅游景点二处，玛沁县的阿尼玛卿峰、玛多县的江河源头、久治县的年宝叶什则、玛沁县拉加寺、玛多县扎陵湖、鄂陵湖、班玛县的原始森林及子木达红军沟、哨所、扎洛村、果洛先民遗址，玛多县莫格德哇遗址、久治县白玉寺等省级旅游景点十二处，州、县级旅游景点61处。全省对外开放的九座山峰中果洛境内就有阿尼玛卿峰、年宝叶什则、雅拉达则和措哇尕则等四座，大部分地区未曾经过人类的"改造"、"干预"、"雕塑"，完整地保留着自然界的本来面目。这奇景妙地，天然造就，独树一帜，实为奇观。果洛旅游资源得天独厚，全境都焕发着藏域腹地风景殊异的民族风格与外迥然不同的自然人文景观。它已成为国内外众多游客登山探险、心驰神往的旅游胜地。

　　果洛古称俄洛、郭罗克。解放前，果洛一直处在边远闭塞的部落分割状态，大小部落200余个，均由世袭的千百户头人分别统治，政治、经济、

文化落后，人民生活饥寒交迫。藏族牧民全部信仰藏传佛教，宗教渗透到了政治、经济、文化、生产以及日常生活的各个方面，支配着人们的思想、言论和行动。在漫长的历史岁月里，由于山河阻隔，交通闭塞，果洛基本处于与外界隔绝的状态，给这块神秘的土地套上了一层朦胧的面纱，增添了神秘的色彩。

境内的年宝叶什则山，主峰终年积雪不化，披角挂甲，沟与沟之间，花岗岩壁林立，山谷之间湖泊众多，湖光山色变化万千，时雨时雪，春夏秋冬四季在一日之内轮番交替，演绎变更，神奇而瑰丽。海拔 6282 米的雄伟的阿尼玛卿雪山，是省内第一高山，州内第一大"神山"，终年积雪，冰川逶迤，雪峰突立，气魄壮观，有着诸多美丽的传说，为果洛人民的守护神，吸引着国内外众多的探险、科学考察和游客前来攀登观瞻。班玛县的仁玉原始森林区有"果洛小江南"之称，有众多的藏传佛教传统文化的集中体现，著名的有格鲁派的拉加寺、宁玛派的白玉寺和查朗寺。

鄂陵湖 >

走近让心灵澄明的地方

夏秋季节，果洛草原碧水青天，绿原雪峰，帐房点点，牛羊群群，牧歌悠悠，笛声阵阵，构成一幅只可意会不可言传的醉人的河源风情画卷，使人如临佳境，顿生物我皆忘，心旷神怡，飘飘欲仙之恬静韵味，不约而同地为神秘草原文化渊源的流长和雪域之州山川的博大恢弘而拍案叫绝，欢欣雀跃。

第四节　夏都西宁

　　西宁市是中国优秀旅游城市，全国园林绿化先进城市和国家卫生城市，国家园林城市。连续几年被评为中国十大避暑城市，中国十大安静城市，中国十大最美丽城市及全国双拥模范城，中国十大最向往的旅游目的地等。

　　2011 年西宁市被国际组织评为"世界旅游名城"和继续入选"2011中国十大避暑旅游城市""全球避暑名城榜""中国休闲城市"。目前西宁正在创建国家文明城市、国家森林城市及国家环境保护模范城市。在青藏铁路全线通车和省委、省政府提出把青海建设成旅游名省的机遇下，不断挖掘和开发旅游资源，积极扩大"天路起点，中国夏都，健康之旅"旅游品牌。形成了以西宁为中心的两小时车程半径旅游圈，利用已开辟或正在开辟的环青海湖旅游线、黄河源旅游线、唐蕃古道旅游线、宗教朝圣旅游线、世界屋脊旅游线、青藏铁路旅游线等十条精品旅游线路，充分展示塔尔寺、青海湖、原子城、日月山等著名自然区和人文景观，以及富有青藏高原魅力的民族风俗文化。

　　夏都西宁的旅游资源巨多，代表性的当属"西宁八景"。

我爱青海

一、石峡清风

从西宁东行 15 公里，便可到达一个秀丽清爽的避暑好去处，那就是西宁古八景之一的"石峡清风"。

石峡，俗称小峡，在历史上是以险关危隘著称的。世治时，它是连通东西交通的要道；世乱时，它又是隔断两地的重门。宋代时修筑绥远关以控制要害地段，后于清代修筑了武定关和德安关。小峡也为人们留下了动人的传说：昔日此地重山环复、河道不通，有仙人投石击山，丘峦崩摧，湟水中通，形成了奇峻雄伟的小峡。

而今的小峡，一座钢筋混凝土拱桥飞架南北，公路平坦如砥，行人车辆川流不息，险关变通途。只不过，游人到达小峡口湟水两岸时，即便是夏日炎炎，仍觉得凉风习习。当年那"石乱马蹄稀"的情景已成为一段历史的回忆。

二、金蛾晓日

位于大通回族土族自治县的娘娘山，又名金蛾山。山顶有一座天池，每到夏季雨水旺盛之时，天池里水波荡漾，池畔蝴蝶飞舞，五色斑斓。青

西宁娘娘山景区 >

海多山，而娘娘山上有一制高点，早晨在山上观日出，太阳从万山中喷薄而出，景象壮观，据说可与泰山观日出媲美。游人登山观日出时，朝阳、山花、蝴蝶相映成趣。娘娘山以其幽深秀丽、气象万千而闻名遐迩。

三、文峰耸翠

提及这一景点，必然提及西宁南山的一个美丽传说。据说，人们曾经在南山修建一座阁楼，便有凤凰落到这儿，当地人视为祥瑞之兆。后来，也是为了企盼当地文风繁盛，人们就在山上修建了魁星阁。如今，这一景致已经不为西宁人所熟悉了。

四、凤台留云

西宁南山又叫凤凰山，山上有亭，名叫凤凰亭。南凉时期，传言"龙现于长宁，麒麟游于绥羌"，由此而来的西宁古八景之一的"凤台留云"，成为西宁一胜景。南山以关帝庙为中心的建筑群，始建于明永乐八年，是西宁现存保护较好的明建筑。如今山上的景点均为解放以后新建。

< 凤凰山

我爱青海

由于南山的海拔比较高，所以凤台上经常云雾缭绕，自成景致，如今，这些景致作为南山公园的一部分已经开发出来了，并且随着南北两山大公园的开发，这些景致的开发会更上一个台阶。

五、龙池夜月

所谓"龙池"，指的是位于西宁西郊苏家河湾村西南的一眼泉水。由于这里曾经修建过不少庙宇，所以，历史上，这是一个香火旺盛的地方。这里的庙宇，始建于明代，后来屡建屡废，清末称作"五龙宫"，曾经盛极一时。

如今，所谓的龙池夜月景致我们已经无法欣赏了。但是，想象当年泉水清澈，夜色清朗，明月高悬，犹如江南水乡般的景致一下子到眼前来了。

六、湟流春涨

所谓湟水，即指流经西宁城北的黄河重要支流——湟水河，又名西宁河。每当春夏之际，湟水上游冰雪消融，水源充足，流至西宁，西郊河、

湟水河 >

走近让心灵澄明的地方

北川河、南川河先后注入湟水，遂致河水骤涨，波涛汹涌，故称"湟水春涨"，为西宁古八景之一。如今，湟水河两岸由于城市建设而日新月异。时值初春，漫步湟水河岸，柳色如烟，公路如砥，高楼林立，夜晚万灯辉煌映衬着一天星斗，风景宜人。

七、五峰飞瀑

著名的五峰飞瀑位于互助土族自治县的北沟脑。因为这里的山峰很像五个手指，所以叫五峰山。这里环境幽雅，泉水众多，细流飞洒，好像瀑布高挂，至今仍然是青海旅游胜地。五峰山有三奇，即林、泉、洞。人们又归结了三林、三洞、三泉。三林是松树林、杨树林和桦树林，夏季林木郁郁葱葱，繁茂遍野，到了秋季，松青、杨黄、桦叶变红，层林尽染，风景无限。三洞是东洞、西洞、北洞。东洞深 8 米、高 3 米、宽 3 米，西洞深 7 米、高 2 米、宽 3 米，北洞深 10 米、高 3 米、宽 4 米。洞内露冷苔苍，别有韵味。三泉是龙宫泉、隐泉、裂口泉。三泉水以龙宫泉水质最好，泉水经石雕龙口喷吐，沿七级石壁泻下，形成瀑布，水溅山径，在泉石周围

< 五峰飞瀑

我爱青海

刻有"山幽林更静，人间歌不尽，鸟语花香地，泉中水长流"等诗句。从龙宫泉拾级而上，便是五峰寺。

五峰寺始建于清朝乾隆年间，主要建筑有菩萨殿、龙王阁、玉皇宫、香公楼、同乐亭。近来，亭台楼阁、绘饰新彩，更加引起游人注目。

五峰山也是青海民歌演唱胜地，俗称"花儿"会，每年六月六，正是五峰山风光最美的季节，五峰山六月六"花儿"会也就闻名遐迩。届时，西北各路歌手云集五峰山上，引吭高歌，声震四野，从黎明一直唱到深夜，"五峰六月歌仙会，八乡四野觅知音"，如此大规模的群众艺术盛会，为五峰胜景增添了异彩。

八、北山烟雨

西宁四面环山，南北两山却因奇、秀为人所爱。北山便是以奇制胜。西宁北山，又名土楼山。土楼山上曾建土楼山神祠，在神祠的旧址又修建寺庙，旧称北禅寺，也叫永兴寺。早在北魏，郦道元在《水经注》中曾记载："湟水又东，经土楼南，楼北依山原，峰高三百尺，有若削成，楼下有神祠，雕墙故壁存焉。"由此可见，北山迄今已有两千多年的历史了。北山的古迹不少，这也是北山至今还作为西宁的一大名胜而著名的原因。如今，

西宁土楼山 >

　　　　　　　　　　　　　走近让心灵澄明的地方

这里还有佛寺、道观、砖塔、洞窟、壁画和露天大佛。经历代的扩建增修，在峭壁断崖间凿成洞窟，自西向东依次分布着"九窟十八洞"。

　　高原的气候乍雨还晴，而到土楼山游玩，最佳胜景则是雨中观游。在烟雨中才能真正感受到土楼山隐约模糊、水墨入画的意境。站在斗母殿，殿檐滴水如珠，雨幕中的群楼像笼罩了一层轻纱，道路纵横像是几笔粗墨，

知识小百科

塔尔寺

　　塔尔寺位于西宁市西南25公里处的湟中县城鲁沙尔镇，是中国西北地区藏传佛教的活动中心，在中国及东南亚享有盛名，历代中央政府都十分推崇塔尔寺的宗教地位。明朝对寺内上层宗教人物多次封授名号，清康熙皇帝赐有"净上津梁"匾额，乾隆皇帝赐"梵宗寺"称号，并为大金瓦寺赐有"梵教法幢"匾额。酥油花、壁画和堆绣被誉为"塔尔寺艺术三绝"，另外寺内还珍藏了许多佛教典籍和历史、文学、哲学、医药、立法等方面的学术专著。每年举行的佛事活动"四大法会"，更是热闹非凡。塔尔寺是中国藏传佛教格鲁派（黄教）六大寺院之一，也是青海省首屈一指的名胜古迹和全国重点文物保护单位。

<塔尔寺

我爱青海

片片树林犹如淡墨渲染。遥望南山，似见似不见，形隐而神存。唯有北山顶上那座具有唐代建筑风格的宁寿塔，在烟雨濛濛中矗立，像是一位久经风霜的老僧，在思谋着苍茫的人世。

第五节　天上玉树

玉树州旅游资源极其丰富，以藏传佛教文化为代表。主要景区有：

一、结古镇

玉树结古镇是素有名山之宗、江河之源、牦牛之地、歌舞之乡的玉树州州政府所在地。藏语意为"货物集散的地方"，历史上，川西雅州每年要发出9万驮茶叶至结古，然后由结古发5万驮至西藏拉萨，4万驮在青海省南部各蒙藏族聚居地区销售，所以这里古来就是青、川、藏三地的重要贸易集散地和交通枢纽。玉树全县的海拔非常高，在4500米左右。附

结古镇 >

　　　　　　　　走近让心灵澄明的地方

近海拔在 5000 米以上的山峰有 900 多座。还有许多的淡水湖泊和河流遍布全境。

玉树结古镇附近的草甸草场面积广大，"玉树草原"一直以独特的风情名闻于外。玉树结古镇时值赛马会举办的时候，整个就会沉浸在铺天盖地的欢腾之中，歌声时聚时散，有的婉转，有的激昂，五色彩袖舞着美丽的"伊"……在结古镇这样天高云低的地方，有着绝对不同于别处"花儿会"的特别的味道。这是青海规模最大的藏民族盛会，举办时间是每年 7 月 25 日—8 月 1 日。

二、文成公主庙

文成公主庙，位于玉树藏族自治州境内，是一座既有唐代艺术风格又有藏式平顶建筑特点的古式建筑。殿堂内的巨型文成公主像和 8 尊佛像，由石壁雕凿而成，外表酷似泥塑技艺，雕刻精细，造型质朴敦厚。庙宇坐北向南，依山面水。每年有佛教信徒和中外游客来此瞻仰。青海省的玉树藏族自治州，地处青藏高原东南部，是中国的"三江之源"，也是闻名于世的藏族歌舞之乡。有 1300 多年历史的文成公主庙就修建在这里，它已被列入国家级文物保护单位。

<文成公主庙

我爱青海

文成公主庙别名"沙加公主庙"，位于玉树县结古镇东南25公里的贝纳沟，这是一条大峡谷，两边的山脉不见边际，矗立在青藏高原的蓝天下，山上松柏如画、山下小河如诗。藏式建筑的文成公主庙紧贴百丈悬崖，风景幽静，金光闪闪的屋顶光芒四射。庙四周所有的悬崖和面积较大的石头上都刻着数不清的藏经。该庙共3层，面积包括院落600多平方米，通高9.6米。庙中央的文成公主坐像，端坐在狮子莲花座上，身高8米。坐像两旁有8尊石刻佛立像，分立在上下两层，每尊佛像高有3米，精雕细刻，形象生动。

三、晒经台

晒经台是离玉树县结古镇约30公里的通天河畔的一块磐石，石面漆黑如墨，上面似乎有隐隐约约的字迹。

民间传说曾有一位中原高僧西天取经路过这里，却不幸失信的他被神龟所惩罚掉入河中，脱险后将浸湿的经文摊开于河岸的磐石上晾晒，等经文晒干收起时，不慎把《佛本行经》的经尾给粘破了，所以，在浩如烟海的佛经经卷中只有《佛本行经》至今残缺不全，而大磐石上却字迹犹存。后人便将这块磐石称为晒经石。

晒经台 >

走近让心灵澄明的地方

四、隆宝滩自然保护区

隆宝滩自然保护区位于玉树藏族自治州首府结古镇西南约80多公里的地方。这是一个长约10公里，宽约3公里的狭长沟谷地带。谷地两边是高耸对峙、起伏连绵的蘑菇状山峦，两山之间，是大片广阔平坦的沼泽草甸，自然环境宁静而幽雅。

隆宝滩海拔高度4200多米，气候寒冷，环境潮湿，雨量充沛，溪流迂回，沼泽遍地，属于典型的沼泽草甸和高山草甸区。在滩的中间，众多的小泉，纵横迂回的溪流，星罗棋布的沼池把草滩切割成无数大大小小的沙洲和孤立的"小岛"，所以野兽无法靠近。岛上生长着各种丰美的水草，小岛周围的沼池、溪流中还有许多两栖爬行动物，以及软体小动物等。这独特的自然条件和生态环境，为鸟类的栖息繁衍创造了良好的条件。因而，每年春夏之际，许多珍贵的候鸟，如黑颈鹤、斑头雁、棕头鸥等纷纷飞到这里繁衍后代。尤其是被列为我国一级保护动物的黑颈鹤，每年都成群成批地飞到隆宝滩栖息生活。据统计，我国仅有的百余只黑颈鹤中就有四十多只集中在隆宝滩。

这么多的旅游景点不仅提高了玉树的知名度，更给玉树带来了许多经济上的巨大效益，一方面促进了玉树的经济发展，另一方面随着国家对当地旅游景点的不断开发，也带动了国家旅游业的发展。

< 隆宝滩自然保护区

我爱青海

第七章

高原书青史，三江筑伟业

　　古老的青藏高原承载着绿色发展的强大底蕴，气势勃发的青海农牧业汇集跨越发展的和谐乐章。勤劳、善良、智慧的青海各族农牧民一定能够乘着党的惠农强农政策的东风，不断激发超凡洒脱的勇气和海纳百川的魄力，全面扩大农牧业对外开放，提升农牧业、农牧区经济发展的质量和效益，努力实现青海农牧业发展的新跨越。

∧ 格尔木光伏电站二期 100 兆瓦工程鸟瞰

第一节　经济概况

改革开放以来，根据青海省国土面积大，人口少，多民族聚居，自然条件差，经济总量小，科技和文化落后，水电、盐化工、石油天然气、有色金属等资源丰富，发展潜力大的基本特点，提出了"改革开放、治穷致富、开发资源、振兴青海"的经济发展战略。在这一战略思想指导下，在国家的大力支持下，青海省的经济建设进入了一个以资源开发为主，全面发展的新的历史时期。

据2011年相关部门对青海各项经济指数的统计，2011年，青海省实现地区生产总值1634.72亿元，比上年增长13.5%，较全国平均水平高4.3个百分点。其中：第一产业增加值155.44亿元，增长5.0%；第二产业增加值939.10亿元，增长17.3%；第三产业增加值540.18亿元，增长9.7%。三次产业结构由2010年的10.0∶55.1∶34.9调整为2011年的9.5∶57.5∶33.0。青海经济正在以飞速发展的状态向前发展。

农牧业：青海省农作物总播种面积790.05万亩，比上年增长2.01%，

工业与建筑业：青海省工业保持平稳较快增长，全年规模以上工业实现增加值比上年增长19.0%。

固定资产投资与房地产开发：全社会固定资产投资1434.31亿元，比上年增长34.2%。

国内外贸易：社会消费品零售总额404.85亿元，比上年增长17.0%。按销售地区分，城镇消费品零售额351.84亿元，增长17.4%；乡村消费品零售额53.01亿元，增长14.2%。

∧ 西宁生物科技产业园

交通邮电：青海省铁路营运里程达 1667 公里，比上年末增加 16 公里；公路通车里程 64280 公里，比上年末增加 2095 公里；民航通航里程 37612 公里，比上年末增加 5010 公里。全年完成客运量 1.19 亿人次，比上年增长 8.5%，其中，铁路增长 9.9%，公路增长 8.3%，民航增长 19.7%。完成货物运输量 1.28 亿吨，增长 11.8%，其中，铁路增长 10.6%，公路增长 12.4%。

旅游：共接待国内外游客 1412.37 万人次，比上年增长 15.18%，其中，国内游客 1407.2 万人次，增长 15.2%；入境游客 5.17 万人次，增长 10.5%。旅游总收入 92.3 亿元，增长 30.0%，其中国际旅游外汇收入 2658.5 万美元，增长 30.0%。

第二节　西部大开发战略

　　西部大开发战略是 2000 年初开始启动的，但实际上是在"九五"时期的 1998 年，我国经济应对普遍性供大于求为特征的通货紧缩趋势下，中国开始实施"积极的财政政策"，政府以大规模的基础设施为核心，拉动经济增长。按照西部大开发的基本战略设想，"十五"初期，西部的投入重点仍是完善基础设施，以农村农电水利、生态环境综合治理建设为核心。在城市以交通枢纽，周边高等级公路以及通信设施建设为核心。

　　现在西部的基础设施条件已经有了清晰可见的变化。目前"西气东输"、"西电东送"、"青藏铁路"和光缆通讯等信息化的建设以及水利资源大规模的开发，铁路、机场、高等级公路建设和一系列环保项目的上马已经进入大规模投入高潮，政策的效用开始显现，投资逐年增长，比东中部地区分别高出 6 和 3 个百分点。城市化发展的"集聚效应"明显加快。在我

> 青藏铁路是实施西部大开发战略的
　　标志性工程

国实施的城市化进程中，西部地区普遍出现了以新城区建设和城市改造中心外移为特征的城市规模扩张建设，城市化发展趋势具有明显的资源集聚特点，不仅基础设施投入呈现出向城市集中，而且新兴产业也向城市集中。西部产业结构正处于转换而变动阶段，优势产业正在成长，各省区都具有不同的特点。

进入世纪，青海省融入国际潮流，实施西部大开发战略，特别是以黄河、长江、澜沧江"三江源"保护与建设为龙头，全面实施可持续发展战略的一系列重大举措，使青海的经济发展与社会进步呈现出了前所未有的和谐局面与蓬勃生机，并且显示出了令人鼓舞的良好前景。

第三节　农业与牧业齐头并进

青海是长江、黄河、澜沧江的发源地，有着"中华水塔"，"高原生物自然物种资源库"，"世界四大无公害超净区之一"的美称。特殊的地理区位，特殊的气候条件，原始半原始、无污染的生态环境和种类繁多且不可替代的动植物资源，给青海农牧业发展增添了强劲的发展后劲，也使这72万平方公里的广袤土地成为全国重要的绿色农畜产品生产基地。

在这片神奇古老的土地上，千百年来，多个民族、多种文化在这里相互碰撞、交流融合、扩散发展，使这里成为黄土高原、青藏高原和农区文化、游牧民文化的交融之地；各民族在长期历史发展过程中，同呼吸、共命运，休戚与共，互通有无，共同开发了青海大地，创造了青海的农耕文明和草原畜牧文化，为中华民族的兴盛做出了积极贡献。

新中国成立以来，在党的领导下，青海农牧业发生了翻天覆地的变化，实现了历史性的跨越。尤其是改革开放以来，青海农牧业乘势而为，以转变农牧业发展方式，实现农牧业增效、农牧民增收为己任，坚持走特色化、规模化、产业化、生态化的发展之路，在"加快发展、科学发展、又好又快发展"中破茧化蝶，打造出一个又一个具有高原特色农畜产品品牌，正在阔步迈向广阔的国际国内市场。青海农牧业发展的能量在持续不断地积蓄，发展的机遇在持续不断地涌现，发展的人气在持续不断地聚集。

到"十一五"末，青海农牧业综合生产能力明显提升，在可耕地只有800万亩的土地上，创造了粮食多年稳定100万吨以上的骄人成绩，实现农牧民口粮基本自给，羊肉、牛奶、油菜自给有余，蔬菜、猪肉自给率分别为98%、70%。累计建成日光节能温室7.43万栋、牲畜暖棚3.3万栋，取得科技成果225项，有23项获得省部级奖励，油菜杂交育种和马铃薯种薯脱毒技术达到国内先进水平；全省州级以上农牧业产业化龙头企业达到240家，其中国家级重点龙头企业11家，各种农牧民合作组织如雨后春笋般发展壮大，带动了一大批蔬菜、特色果品等特色专业村发展，一批区域布局合理、产业特色鲜明、产品质量优良、品牌优势突出的特色产业基地正在形成，引领了现代农牧业发展。

在全面推进农牧业发展中，大力实施三江源自然保护区和青海湖流域生态环境保护与建设、退牧还草等重大工程，开展青海湖十年封湖育鱼，

获国家金奖的青海"互助马铃薯"喜获丰收 >

高原书青史，三江筑伟业

∧ 青海湖裸鲤人工增殖放流

探索实践现代草地畜牧业发展方式,创造性探索出了"转人减畜、草畜平衡、集约经营、多产业发展"的草地生态畜牧业发展新机制。通过多年的建设,草畜平衡制度稳步推进,局部生态环境明显好转,青海湖裸鲤可捕资源量恢复到 3 万吨,比 2005 年增加 2.3 万吨,特别是将产业发展、游牧民定居、防灾减灾等与实施重大生态保护建设工程相结合,探索了一条生态恢复、生产发展、生活改善的新路子。

在党的阳光雨露滋润下,各项惠农政策得到实施,"十一五"期间农牧民人均纯收入年均增幅 11.68%,财产性、转移性收入比重达到 14%,共建设农村户用沼气池 11.20 万户,配发太阳灶 14.5 万台;游牧民定居工程使 5.07 万户牧民群众彻底告别"逐水草而居"的游牧生活;各种新观念不断开阔着人们的思路,各种新品种在农田和牧场上不断得到推广,各种现代技术不断应用于农牧业生产,各种新式生活用品在农牧区普及,广大

农牧民群众生产生活方式发生巨大变化，各族农牧民群众的生产热情和建设社会主义新农村新牧区的干劲不断得到激发，全省农牧业正进入跨越式发展的快车道，一个和谐、富裕、文明的社会主义青海新农村新牧区正呈现在我们眼前。

青出于蓝谋跨越，海纳百川求发展。经过了一代代青海各族人民不懈奋斗，今天的青海农牧业，已经站在了一个新的历史起点上。"十二五"期间，青海农牧业将以建设特色鲜明、发展持续、经营集约、安全生态的高原特色现代生态农牧业为己任，自觉承担起全面提高肉菜蛋奶自给水平、加速农牧业发展方式的根本转变两大任务，按照"四区两带一线"区域规划，在东部地区重点打造西宁都市型现代农业示范区、海东高原特色现代生态农业示范区；在环湖牧区重点打造海北高原现代生态畜牧业示范区、海南州生态畜牧业国家可持续发展实验区；在柴达木地区重点打造海西统筹城乡一体化农牧业发展示范区；在三江源地区重点打造三江源生态畜牧业发展示范区和黄南有机农牧业示范区。建设黄河谷地农业综合开发带、湟水沿岸高效农牧业发展带，兰青—青藏铁路沿线特色农牧产业发展轴线。做强做优油菜、马铃薯、蚕豆、蔬菜、果品、中藏药材、牛羊肉、奶、毛绒、饲草料等特色产业。通过五年不懈努力，农牧业综合生产能力和物质装备水平显著提升，农牧民人均纯收入大幅增加，农畜产品自给水平和草原保护建设能力大幅提升，特色优势产业开发利用水平再上新台阶，农牧业现代化建设取得新进展。

高原书青史，三江筑伟业。古老的青藏高原承载着绿色发展的强大底蕴，气势勃发的青海农牧业汇集跨越发展的和谐乐章。勤劳、善良、智慧的青海各族农牧民一定能够乘着党的惠农强农政策的东风，不断激发超凡洒脱的勇气和海纳百川的魄力，全面扩大农牧业对外开放，提升农牧业、农牧区经济发展的质量和效益，努力实现青海农牧业发展的新跨越，一定能够谱写一曲华丽的时代乐章！

第四节　青海特色产业发展的宏伟蓝图

在"十二五"期间，青海省将坚持发挥比较优势，围绕延伸链条、形成集群、融合发展，不断延伸产业链条，打造在全国有影响和市场竞争力的十大特色产业，努力把青海打造成全国区域循环经济发展的先行区。通过十大特色产业项目建设，着力构建十个产业链和产业集群。

1. 以金属硅和多晶硅项目为龙头，构建电子级单晶硅及切片、太阳能级单、多晶硅切片、线切材料及光伏玻璃、太阳能电池及其组件、太阳能光伏发电及光热利用产业链和产业集群。

2. 以风力发电机组制造项目为龙头，构建风机零部件、整机、风力发电产业链和产业集群。

3. 以碳酸锂为龙头，构建金属锂、电池级碳酸锂、锂电池材料、电解液、锂电池零部件及锂动力电池和储能电池产业链和新能源产业集群。

4. 以盐湖资源综合利用项目和氯碱化工项目为龙头，构建碳酸钠（钾）、氢氧化钠（钾、镁）、高纯镁砂及无机镁盐、镁系阻燃剂、无机锂盐、金属钙及钙盐、硼砂及元素硼、无机硼、有机硼化合物、PVC及下游延伸加工等盐湖化工产业链和产业集群。

5. 以电解铝、铅、锌冶炼产能和金属镁一体化项目、电解铜、金属锂等项目等为龙头，构建电解铝、铝板带及铝合金、铝合金管棒板及型材、高纯铝、电子铝箔及功能性电子元器件、氧化铝蓝宝石LED发光材料，金属镁、镁合金、镁合金压铸件及型材、镁合金汽车零部件、金属还原剂和电子元器件，电解铜、铜条杆管棒材、铜合金及加工产品、铜箔、

高性能覆铜板、印制电路，铅锌合金及加工产品等有色金属产业链和产业集群。

6. 以煤基多联产项目为龙头，促进煤化工、石油天然气化工与盐湖化工的有机结合，构建煤气化、煤焦化、发电、电石、甲醇、甲醛、氯甲烷、乙烯（聚乙烯）、丙烯（聚丙烯）、PVC、煤焦油深加工、聚苯乙烯、二甲醚及醇醚燃料、1，4-丁二醇、醋酸（醋酐）及醋酸乙烯、合成氨、氮肥及氮有机物、芳烃及其下游产品、废弃物综合利用等煤化工和石油天然气化工产业链和产业集群。

7. 以装备产业园建设项目和 680MN 大型锻压机建设项目为龙头，构建以铸锻为主的基础结构件和零部件、精密数控专用机床和加工中心、环卫设备、专用汽车和新能源汽车、压力容器和非标设备、配套协作企业等装备制造产业链和产业集群。

8. 以格尔木钢铁项目、西宁特钢改造升级项目和甘河特钢项目为龙头，构建铁矿采选、铁精粉、钢铁冶炼、特种钢、不锈钢及下游延伸加工产业链和产业集群。

9. 以 1.5 万吨地毯纱项目、2000 万平方米机织藏毯项目、牛羊绒针织衫项目为龙头，构建洗毛（绒）、分梳、染色、粗纺、精纺、织毯、机织等藏毯、绒纺产业链和产业集群。

> 格尔木钢铁项目指挥部 120 万
　吨球团厂建成投产

10. 以沙棘、枸杞等高原特色浆果精深加工项目、牛羊肉精深加工项目为龙头，构建果汁（粉）、果（籽）油、果酒、果醋、色素（黄酮、维生素P）等单成分提取、保健品及原料药生产加工，牛羊肉分割、骨血利用、脏器加工、生化制药等特色生物产业链和产业集群。

附录　青海之最

世界上盐湖最集中的地区是青海，有盐湖150多个；

世界上最大的盐矿储地是柴达木盆地，储量约为900多亿吨；

世界上天青石矿藏量最多的地方是青海茫崖地区，占全世界已探明储量的60%；

世界上海拔最高的油田是柴达木盆地西北部的花土沟油田，最高的一口油井海拔为3260米；

世界上海拔最高的铁路是青藏铁路；

世界上最高的铁路隧道是唐古拉山隧道；

世界上最高的公路是青藏公路；

世界上最高的公路桥梁是沱沱河桥；

世界上辖区面积最大的城市是格尔木市，面积是123460平方公里；

世界上饲养牦牛最多的地区是青海，共有牦牛500多万头；

海拔亚洲第一世界第二的大坂山公路隧道；

中国河流发源最多的地区是青海的青南高原，素有"中华水塔"之称；

中国海拔最高的盆地是柴达木盆地；

中国最大的内陆咸水湖是青海湖，面积4500多平方千米；

中国聚集鸟类最多的岛屿是青海湖的鸟岛；

中国出产冬虫夏草最多的地方是青海，其产量占全国总产量的 70%；

中国最大的盐湖是青海的察尔汗盐湖，面积多达 5800 多平方千米；

中国海拔最高的拦河大坝是龙羊峡水电站大坝，坝高 178 米；

中国目前最大的人工湖是龙羊峡水库，库容 264 亿立方米；

中国海拔最高的兵站是唐古拉兵站，高达五千多米。

图片授权

全景网

壹图网

林静文化摄影部

敬　启

本书图片的编选，参阅了一些网站和公共图库。由于联系上的困难，我们与部分入选图片的作者未能取得联系，谨致深深的歉意。敬请图片原作者见到本书后，及时与我们联系，以便我们按国家有关规定支付稿酬并赠送样书。

联系邮箱：932389463@QQ.com

高原书青史，三江筑伟业

我爱青海